HOW TO SURVIVE NERVIGE ELTERN

NANA SCHMID

HOW TO SURVIVE

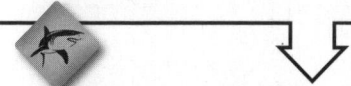

NERVIGE ELTERN

Wie man den Alltag als Teenager überlebt,
bis man endlich ausziehen kann

Mit Illustrationen von Jana Moskito

SCHWARZKOPF & SCHWARZKOPF

INHALT

1. KAPITEL

DIE VERSCHIEDENEN ELTERN-TYPEN

2. KAPITEL

PROBLEME DES ZUSAMMENLEBENS

3. KAPITEL
DIE MODERNE WELT

4. KAPITEL
BEZIEHUNGEN & PSYCHE

5. KAPITEL
TYPISCH ELTERN

6. KAPITEL
WEITERE PROBLEME

WIE'S RICHTIG GEHT

Dass Eltern nerven, ist nichts Neues. In diesem Buch erfährt man, womit Eltern ihre Kinder terrorisieren und was an ihnen nervt. Jugendliche bekommen Tipps, wie sie damit umgehen und in bestimmten Situationen reagieren sollten, aber auch Eltern erfahren, wie sie sich bessern können.

Als Sie dieses Buch sahen, kauften und beschlossen, es zu lesen, war Ihnen, wenn auch nur im Unterbewusstsein, klar, dass Sie als Elternteil nerven und das ändern sollten. Ich glaube kaum, dass Sie es gekauft haben, um sich über andere, fiktive Eltern lustig zu machen. Vielleicht können Sie stattdessen ein wenig über sich selbst lachen. Wenn Sie es geschenkt bekommen haben, ist es ein ganz deutlicher Hinweis, der Ihnen zu denken geben sollte. Hat Ihr Kind Ihnen dieses Buch geschenkt, könnte es auch ein gar nicht mal so dezenter Hilferuf sein. An dieser Stelle sollte ich erwähnen, dass alles in diesem Buch tatsächlich vorkommt, aber nicht zu ernst genommen werden sollte. Selbst meine weisen Praxistipps werden Sie nicht zu besseren Eltern machen, Sie aber vielleicht zum Denken anregen, sodass Sie selbst aus sich bessere Eltern oder zumindest erträglichere Eltern machen können. Es kann aber natürlich auch sein, dass Sie den Titel einfach nur interessant fanden und sich dachten: Für 9,99 € kann man's ja mal kaufen.

Da heutzutage leider nur die wenigsten Jugendlichen lesen, musst du wohl beim Kauf dieses Buches extrem verzweifelt gewesen sein. Vielleicht gehörst du auch zu den Wenigen, die ab und zu doch mal ein Buch lesen, nichts Besseres zu tun hatten und das Buch kauften. Du wirst es nicht bereuen. Egal, weshalb du es gekauft hast, ihr habt eines gemeinsam: eure Eltern. Natürlich nicht biologisch gesehen, sondern hinsichtlich der Nervigkeit. Nach dem

Lesen solltet ihr es auch euren Eltern zum Lesen geben. Auch dir sollte ich vorab sagen, dass nicht alles ernst gemeint ist, es solche Eltern und Situationen aber tatsächlich gibt, wie du selbst bestimmt am besten weißt.

Nana Schmid

1. KAPITEL

DIE VERSCHIEDENEN ELTERN-TYPEN

HELIKOPTERELTERN

Es gibt verschiedene Arten von Eltern, die unterschiedliche, teils fragwürdige, Erziehungsmethoden bevorzugen. Doch eines haben sie alle gemeinsam: Sie nerven ihre Kinder und sind peinlich. Zu den schrecklichsten Eltern gehören für mich die Helikoptereltern, wodurch sie den Platz im ersten Abschnitt verdient haben. Herzlichen Glückwunsch, liebe Heli-Eltern!

Für diejenigen, denen dieser Begriff nichts sagt: Helikoptereltern sind Eltern, die wie ein Helikopter ständig um ihre Kinder kreisen. Eigentlich ganz einfach zu verstehen. Dieses Verhalten ist übrigens keine neue Modeerscheinung. 1969 tauchten Helikoptereltern bereits im Werk *Between Parent & Teenager* des israelischen Psychologen Haim G. Ginott auf (»Mother hovers over me like a helicopter«).

Vielleicht taucht jetzt die Frage auf, was denn mein Problem ist, schließlich sollen Kinder behütet aufwachsen, und natürlich ist es selbstverständlich, dass Eltern auf ihren Nachwuchs aufpassen. Das ist völlig korrekt. Jedoch überschreiten Helikoptereltern sämtliche Grenzen, nicht nur was die Fürsorge und Überwachung angeht, sondern auch bezüglich des Nervens durch ständiges Einmischen und eine nicht vorhandene Privatsphäre. Dies möchte ich am folgenden Beispiel zeigen. Ich hoffe sehr, dass man keine Parallelen zu dem Erziehungsstil deiner Eltern oder gar Ihrem eigenen erkennt.

Florian, vier Jahre alt, liebt es, die Welt zu erkunden. Doch da gibt es zwei Personen, die das jeden Tag aufs Neue verhindern. Seine Eltern. Es fängt schon morgens an. Nachdem seine Mutter Florian pünktlich, wie jeden Tag, geweckt hat, ist für den Aufbruch zum Kindergarten bereits alles vorbereitet. Während Florian isst, sitzt seine Mutter daneben, denn schließlich könnte der Kleine sich verschlucken und ersticken. Viel zu gefährlich. Auch beim Zähneputzen steht Florian unter der Beobachtung seiner Mutter. Er könnte ja ausrutschen. Danach kontrolliert sie, ob die Zähne auch ordentlich geputzt sind. Um auf Nummer sicher zu gehen, putzt sie ihm selbst noch einmal die Zähne. Nachdem Florian im neuesten und supersicheren Kindersitz Platz genommen hat, trifft seine Mutter sämtliche Sicherheitsvorkehrungen, damit ihrem kleinen Jungen während der zehnminütigen Autofahrt auch ja nichts passiert. Beim Kindergarten angekommen, bricht seine Mutter bei der Verabschiedung fast in Tränen aus, als sie ihn zum wiederholten Mal umarmt und bittet, auf sich aufzupassen. Im Kindergarten lauern ja so viele Gefahren. Die Erzieherinnen könnten ihm Laktose, Gluten, Zitrusfrüchte, Nüsse, Nicht-Bio-Produkte oder anderes ins Essen mischen, obwohl sie genau wissen, dass Florian, laut Eltern, so viele Allergien hat. Vielleicht passen sie aber auch nicht gut genug auf und Florian wird von einem Pädophilen entführt. Oder er isst Sand und erstickt daran. Alleine über die Gefahren, die im Kindergarten lauern, könnte man ein Buch schreiben. Bereits eine Stunde vor der eigentlichen Abholzeit rollt das Auto von Florians Vater auf den Parkplatz. Als er dann seinen Sohn sieht, bemerkt er sofort das Pflaster an dessen Finger. Man sieht richtig, wie der Vater rot anläuft, ehe er die unschuldige Praktikantin zur Schnecke macht und ihr vorwirft, dass hier doch nur ungeschulte Babysitter arbeiten, die nicht mal in der Lage sind, aufzupassen, dass sich kleine Kinder nicht die Finger abschneiden. Es stellt sich heraus, dass Florian sich nur an einem Blatt Papier beim Malen in den Finger geschnitten hat. Trotzdem wird er vom Kindergarten abgemeldet.

Einige Wochen später auf dem Spielplatz spielt sich ausnahmsweise mal alles reibungslos ab. Während die Kinder spielen, sitzen die Mütter auf den Bänken, unterhalten sich über die Entwicklung und Talente ihrer Kinder, lesen ein Buch, telefonieren mit einer Freundin und werfen gelegentlich einen Blick auf die Kinder. Auch Florian klettert das Klettergerüst hinauf. Beim Klettern hält ihn seine Mutter allerdings so fest, dass er kaum vorankommt. Als er dann zum Rutschen ansetzt, läuft seine Mutter schnell zum Ende

der Rutsche um ihn aufzufangen. Ich hoffe, Ihnen ist klar, wie viele Gefahren auf einem gewöhnlichen geprüften Spielplatz lauern. Auch darüber könnte man ein Buch schreiben.

Zehn Jahre später in der Schule. Während der zweiten Stunde rast Florians Mutter wie verrückt durch die Stadt, Radiosender warnen bereits vor einer Verrückten auf der Straße, denn Florian hat seine Sportschuhe vergessen. Völlig außer Atem und im Halteverbot stehend, platzt sie in den Unterricht. Als ob Florian sich dafür nicht schon genug schämen müsste, gibt sie ihm zum Abschied auch noch einen Kuss auf die Wange. Natürlich lacht die ganze Klasse. Während seine Klassenkameraden in dem darauffolgenden Sportunterricht immer noch lachen, fliegt Florian mit Höchstgeschwindigkeit ein Ball ins Gesicht, sodass er rücklings umkippt und Nasenbluten bekommt. Spätestens jetzt wäre er am liebsten nach Hause gegangen, doch er darf bei der Theateraufführung nicht fehlen. Diese findet eine Stunde nach Unterrichtsschluss statt. Als nach der letzten Stunde der Gong ertönt, stehen Florians Eltern bereits in der Aula. Sie haben ihm etwas zum Essen mitgebracht. Sie wissen schließlich nicht, ob die Leberkäsesemmel am Schulkiosk von glücklichen, gesunden Tieren aus Bio-Haltung stammt und hygienisch zubereitet wurde. Nach dem Essen muss Florian ihnen dann auch noch gestehen, dass er im Mathetest eine 2– hat. Beide machen ihm deutlich klar, dass das seinen guten Schnitt ruiniert und er es niemals zu etwas bringen würde, wenn er sich das nächste Mal nicht mehr anstrengt, was doch schade wäre, da in ihm so viel steckt. Daraufhin fühlt sich Florian noch schlechter als ohnehin schon, seine Nase tut auch noch weh. Natürlich haben seine Eltern deswegen gleich mit dem Direktor über die Sicherheit an dieser höchst gefährlichen Schule gesprochen, als sie von dem Vorfall im Sportunterricht erfuhren. Wenigstens läuft die Aufführung perfekt ab, indem Florian stolz die Rolle eines sprechenden Fisches spielt. Zwar ist das nicht mal annähernd eine wichtige Rolle, wird im Zeugnis aber erwähnt. Als er nach seinem großen Auftritt ins Auto steigt, trifft seine Mutter natürlich alle Sicherheitsvorkehrungen, damit ihrem kleinen Jungen nichts passiert.

Ein Jahr später hat Florian dann sein erstes Date. Natürlich wird er unter Berücksichtigung aller Sicherheitsmaßnahmen zum Café gefahren, wo er sich mit Nadine aus dem Nachhilfeunterricht trifft. Aber natürlich fährt seine Mutter nicht nach Hause. Nein, sie setzt sich an den Nachbartisch, um ihren Sohn tatkräftig zu unterstützen und sicherzugehen, dass kein Auto in das Café rast. Liebe Leser, auch in einem Café ist es sehr gefährlich. Betreten auf eigene Gefahr. Während Florian sich gerne mit Nadine unterhalten würde, drückt seine Mutter ihm im Hintergrund die Daumen und flüstert ihm lautstark Tipps zu, die nicht nur er hört, sondern auch ein Mitschüler, der fünf Tische weiter weg sitzt. Und natürlich Nadine.

Nun verständlich, was mein Problem bezüglich Heli-Eltern ist? Sehr gut. Wie man wahrscheinlich erkennt, zeichnen sie sich nicht nur durch zwanghafte Überbehütung aus, sondern auch durch das Einmischen in die privaten Angelegenheiten des Kindes und das falsche Einschätzen nicht vorhandener Gefahrenquellen. Bestimmt kannst du nachvollziehen, wie schlimm es für Florian sein muss, wenn ständig seine Eltern um ihn herumschwirren und er nicht mal eine Minute Privatsphäre hat. Bereits im jüngsten Alter wird er rund um die Uhr bewacht, und ihm wird alles abgenommen, was er auch selbst machen könnte, später soll er möglichst gute Leistung zeigen, während seine Eltern sich eigentlich um alles kümmern und ihn in peinliche Situationen bringen, was auch Jahre später immer noch so ist und beim Erwachsenwerden besonders nervt. Solltest du dich selbst in Florians Situation befinden, hoffe ich, dass du nicht einen allzu großen Schaden nehmen wirst.

Natürlich weiß man als Außenstehender nicht, warum die Eltern so übervorsichtig sind. Vielleicht ist in der Vergangenheit oder der eigenen Kindheit etwas vorgefallen, dessen Wiederholung sie unbedingt vermeiden wollen. Einige von Ihnen denken sich jetzt vielleicht, dass man nie vorsichtig genug sein kann, besonders wenn es um die eigenen Kinder geht. Doch auch die Vorsicht hat ihre Grenzen. Kinder und vor allem Jugendliche müssen ihren eigenen Weg gehen, herausfinden, was für Folgen ihr Handeln hat. Dazu gehört es auch, mal auf die Schnauze zu fallen.

Übrigens ist Florian mittlerweile 30 Jahre alt, wohnt noch bei seinen Eltern, ist Single, hat abgesehen von Internetbekanntschaften kaum Freunde und wird jeden Morgen von seiner Mutter unter Berücksichtigung der Sicherheitsmaßnahmen zur Arbeit gefahren, die ihm sein Vater durch Beziehungen zu wichtigen Leuten verschafft hat.

Praxistipp

An die Eltern: Mir ist bewusst, dass Sie nur das Beste für Ihr Kind wollen. Doch mit Ihrem Verhalten tun Sie Ihrem Kind keinen Gefallen. Es ist schön, dass Sie Ihre Elternrolle so ernst nehmen, aber übertreiben Sie es nicht. Spätestens als Jugendlicher muss sich Ihr Kind auch mal alleine zurechtfinden können. Der Sinn Ihres Lebens besteht schließlich nicht darin, Ihr Kind immer zu überwachen. Sie sind weder NSA-Mitarbeiter noch Bodyguard und auch kein Babysitter. Denn mal unter uns, wollen Sie wirklich, dass Ihr Kind mit 30 immer noch bei Ihnen wohnt? Oder wollen Sie vielleicht auch mal wieder die Zweisamkeit mit Ihrem Partner genießen?

*

An die Kinder: Solltest du mit jemandem befreundet sein, der Heli-Eltern hat, braucht dieser dringend jemanden, mit dem er auch mal ein kleines Abenteuer erleben kann. Auch wenn es nur der Weg zum nächsten Supermarkt ist. Dir sollte aber auch klar sein, dass die Eltern bereits vor der ersten Begegnung alles über dich wissen, um sämtliche Gefahren ausschließen zu können. Solltest du selbst betroffen sein, rate ich dir zu einem offenen und ehrlichen Gespräch mit deinen Eltern. Dabei kann eine neutrale Person, wie ein Psychologe, Lehrer ect., hilfreich sein. Zu einem Psychologen würde ich dir auf jeden Fall raten. Ich bezweifle, dass es möglich ist, bei so einer Erziehung nicht zum Psycho zu werden. Du musst dich nicht immer nach deinen Eltern richten. Teste deine Grenzen. Gewinne außerdem ein wenig Abstand zu deinen Eltern. An dieser Stelle sollte ich mich vielleicht etwas deutlicher ausdrücken: Zieh aus! Denke an den 30-jährigen Florian. Willst du so enden?

STIEFELTERN

Ich als Stieftochter weiß, wie es ist, mit einem Stiefvater aufzuwachsen. Problematisch wird dies meistens, wenn der neue Lebenspartner während der Pubertät zur Familie stößt oder sogar Scheidungsgrund war. Da ich noch ganz klein war, als meine Mutter meinen Stiefvater kennenlernte, gab es zum Glück keine Probleme. Typische Stiefkinder-Stiefeltern-Probleme sind einem trotzdem bekannt.

Es gibt verschiedene Stiefeltern und verschiedene Stiefkinder. Stiefeltern, die sich die Sympathie erkaufen wollen, die gleich das Zepter an sich reißen, die selbst ein Kind haben, die einfach da sind und alles passt. Stiefkinder, die sich zurückziehen, die gemein werden, die es akzeptieren. Ich denke, es spielt eine entscheidende Rolle, welche Arten aufeinandertreffen. Ein verwöhntes Einzelkind wird keine Stiefeltern akzeptieren, die ein anderes Kind mit in den Haushalt bringen und sich die Sympathie erkaufen wollen. Wieso sollte es auch? Es hat schon alles beziehungsweise bekommt alles von den eigenen Eltern und muss jetzt auch noch mit einem fremden Kind teilen, das einen womöglich den Vater oder die Mutter

wegnehmen will. Genauso wenig werden Stiefeltern, die von Anfang an meinen, King zu sein, nicht mit einem Stiefkind klarkommen, das nur Probleme macht und nicht nach ihrer Pfeife tanzt.
Wenn aber die Richtigen aufeinandertreffen, dann passt es einfach.
So auch bei mir.

Bei Stieffamilien gibt es drei Probleme, nämlich die Beteiligten.
Das heißt nicht, dass man nun einen der Beteiligten aus dem Weg
räumen muss. Problemlösung folgt im Praxistipp. Friedlich und
gewaltfrei.

Stiefkinder: Entweder sind sie schon immer oder lange Zeit mit
dem einen Elternteil alleine oder sie leiden an den Folgen der Scheidung. Ein neues Familienmitglied, außer ein Tier, wird deshalb
grundsätzlich erst mal nicht akzeptiert. Dieser neue Mensch stellt
eine Gefahr dar, nämlich die Gefahr, dass die Eltern einen wegge-
nommen werden oder sie sich mehr für den neuen Partner interessieren. Auch wenn du es vielleicht nicht unbedingt zugeben willst,
du hängst sehr an deinen Eltern. Besonders, wenn du männlich bist
und es um die Mutter geht. Und dann bittet diese Gefahrenquelle
dich auch noch, irgendetwas zu erledigen, zum Beispiel den Müll
rauszubringen. Dein erster Gedanke: Was denkt der sich eigentlich?
Allein die Existenz dieser Person ist für dich Grund genug, sich
nicht vom Fleck zu rühren. Zudem siehst du dich nicht dazu ver-
pflichtet, die Befehle dieser Person auszuführen. Und wieso solltest
du fremden Müll entsorgen? Kann der doch auch selbst machen.
Und dann kommt dieser eine Satz, der in Stieffamilien unbedingt
vermieden werden sollte: Du hast mir gar nichts zu sagen.

Stiefeltern: Bereits beim ersten Treffen wird klar, dass das Kind Ihres
Partners Sie nicht mag. Egal, was Sie jetzt machen, es ist falsch. Ein
Geschenk wird undankbar nicht angenommen und als Bestechung
und Einschleimversuch abgestempelt. Sie tauschen mit Ihrem Partner positive Gefühle aus und Krieg bricht aus, denn der Vater sollte

die Mutter lieben und umgekehrt und egal, ob es wirklich so ist oder nicht, Sie sind schuld daran, dass sie sich nicht mehr lieben. Anfangs haben Sie über kleine Gemeinheiten hinweggesehen, doch als sie sich häufen und Sie Ihren Partner darauf ansprechen, welcher mit dem Kind darüber redet, können Sie sich anhören, dass Sie lügen und die Familie zerstören wollen. Tolerieren Sie jedoch dieses Verhalten, wird die Beziehung nicht lange halten, da Ihnen das Kind auf der Nase herumtanzt und das Leben zur Hölle macht. Sprechen Sie das Kind selbst darauf an, erzählt es Ihrem Partner, was für absurde Dinge Sie ihm anhängen wollen und dass Sie es angeschrien haben.

Eltern/Partner: Ihnen geht es so wie Ihrem Partner. Egal, was Sie tun, es ist falsch. Halten Sie zu Ihrem Kind, sind Beziehungsprobleme vorprogrammiert. Halten Sie zu Ihrem Partner, wird Ihr Kind Sie hassen. Was ist Ihnen lieber? Können Sie das überhaupt unter einen Hut bringen? Vermutlich sind Sie derjenige, der am meisten abbekommt, da Sie sich von beiden Seiten Beschwerden anhören müssen und womöglich auch noch vom Ex-Partner.

Sehen wir uns das Ganze doch mal aus der Sicht eines 13-jährigen Jungen an.

Andreas' Eltern haben sich vor einem halben Jahr getrennt, weil sich seine Mutter Ivonne in ihren neuen Kollegen Thomas verliebt hat, der vor ein paar Wochen bei den beiden eingezogen ist. Sie sagt immer, dass die Ehe mit Michael eh nicht mehr lange gehalten hätte.

Andreas wohnt jedes zweite Wochenende bei seinem Vater. Er ist zwar froh, dass er für drei Tage Thomas los ist, aber auch traurig, weil er gerne bei seiner Mutter wäre, und auch wütend, weil er weiß, dass Thomas die Zweisamkeit ausnutzt.

Eines Tages sind Andreas und Thomas allein zu Hause. »Wie wäre es, wenn wir mal putzen. Dann muss das deine Mutter nicht mehr nach der Arbeit machen. Ich mach das Badezimmer und du bringst den Müll raus«, schlägt Thomas vor. »Sehe ich so aus, als ob ich deinen Müll rausbringe?«, entgegnet Andreas frech. »Das ist doch auch dein Müll. Deine Mutter freut sich bestimmt, wenn wir ihr Arbeit abnehmen.« Andreas verschwindet in seinem Zimmer.

Als später Ivonne nach Hause kommt, freut sie sich natürlich, dass die Wohnung geputzt ist. »Schön, dass ihr beide mir so sehr helft.« – »War meine Idee. Ich hab auch das meiste gemacht«, behauptet Andreas. Thomas sagt nichts, denn er will wegen einer Kleinigkeit keinen Streit anfangen.

Am nächsten Tag spricht er Andreas dann aber darauf an. »Wieso hast du behauptet, dass du das meiste getan hast, obwohl du gar nichts gemacht hast?« – »Wenn's dich stört, sag's doch Mama.« Natürlich tut Thomas das nicht.

Am Wochenende erzählt Andreas seinem Vater davon. »Zuerst sagt er mir, dass ich putzen soll, und dann schreit er mich an, weil ich gesagt habe, dass er fast nichts getan hat.

Michael spricht daraufhin Ivonne deswegen an. »Was denkt sich dein neuer Macker eigentlich? Er behandelt unseren Sohn wie einen Sklaven und schreit ihn an. Sorg dafür, dass sich das ändert, oder ich werde dafür sorgen!«

Am nächsten Tag bekommt Andreas mit, wie seine Mutter sich mit Thomas schreitet, und freut sich total. Sein Plan funktioniert.

Praxistipp

Wichtig für ein Miteinander ist, dass man den anderen akzeptiert, respektiert und ihn fair behandelt. Man muss einander eine Chance geben. Du musst akzeptieren, dass es einen neuen Menschen im Leben deines jeweiligen Elternteils gibt. »Eifersucht ist eine Leidenschaft, die mit Eifer sucht, was Leiden schafft.« (Franz Grillparzer) Also lass die Eifersucht mal lieber stecken. Selbst wenn es anfangs nicht so gut lief, jeder hat eine zweite Chance verdient.

*

Verstellen Sie sich nicht, und seien Sie von Anfang an Ihrem Stiefkind gegenüber so, wie Sie sind. Geben Sie ihm Zeit, sich an Sie zu gewöhnen und Sie kennenzulernen. Erzwingen Sie nichts.

Versuchen Sie, als Elternteil unparteiisch zu sein und die beiden zueinander zu führen.

Setzen Sie sich zusammen, nehmen Sie sich die Zeit, sich kennenzulernen und offen über Probleme zu reden.

*

Und bitte vermeide oben genannten Satz, vor allem, wenn du schon länger gemeinsam mit deinem Stiefvater / deiner Stiefmutter unter einem Dach wohnst.

SUPERELTERN

Jeder kennt sie, jeder hasst sie, und doch ernten sie Bewunderung dafür, dass sie alles so toll regeln. Für mich sind Supereltern ähnlich schlimm wie Helikoptereltern. Sie sind ständig damit beschäftigt, ihre Kinder zum Sport oder zu irgendwelchen Kursen zu fahren, während sie Vollzeit arbeiten, es bei ihnen zu Hause steriler ist als im Krankenhaus und sie kontrollieren, dass ihre Kinder etwas für ihren Erfolg tun. Sollten Sie zu den Supereltern gehören, habe ich eine Frage: Wie schaffen Sie das?

Wenn Ihnen das Spaß macht und Sie Karriere, Familie, Haushalt und perfektes Image unter einen Hut kriegen, ohne dabei gestresst zu sein, ist es ja in Ordnung. Auch wenn Sie alle normalen Leute damit aufregen. Haben Sie sich aber mal darüber Gedanken gemacht, wie Ihre Kinder ihren strengen, von Ihnen erstellten Tagesplan finden? Nein? Dann will ich Ihnen das mal anhand eines Beispiels zeigen.

Die 16-jährige Sophie steht um 06:30 Uhr auf, nachdem sie um 22:30 Uhr am vorherigen Abend schlafen gegangen ist und somit circa acht Stunden Schlaf gehabt haben sollte. Nach dem Frühstück verlässt sie top gestylt mit einer Sporttasche und ihrer Schultasche eine Stunde später das Haus. Natürlich wird sie von ihrer Mutter zur Schule gefahren, die sie jeden Morgen auf dem Weg zur Arbeit mitnimmt.

Pünktlich um 07:50 Uhr betritt Sophie das Klassenzimmer. Von ihrer Mutter so geplant, damit sie sich noch auf den Unterricht vorbereiten kann. Doch das tut Sophie nie. Sie ist froh, wenn sie sich mit ihren Freunden und ihrem Schwarm unterhalten kann. Denn die Schule ist meist die einzige Gelegenheit, das zu tun.

Um 13:15 Uhr wird sie von ihrer Mutter in deren Mittagspause abgeholt und zum Turnen gefahren. Als kleines Mädchen hatte Sophie beim Turnen immer viel Spaß, doch das ist schon lange nicht mehr so. Mühe gibt sie sich nur noch, um keinen Anschiss ihrer Eltern zu kassieren, und auch nur wegen ihnen macht sie das immer noch. Heute musste sie ihrem Schwarm dafür absagen, weshalb sie noch weniger Lust drauf hat als ohnehin schon.

Um 15:00 Uhr wird Sophie nach Feierabend von ihrem Vater abgeholt. Zu Hause bereitet Sophie das Essen zu, welches ihre Mutter am Vorabend bereits vorbereitet hat, und duscht.

Um 16:30 Uhr geht es dann weiter zum Klavierunterricht. Das ist die einzige Zeit, in der sie trotz Leistungsdruck Spaß hat. Während der Fahrt lernt sie für den morgigen Test.

Um 17:15 Uhr trifft sie sich mit ihrer Nachhilfe, um den Stoff zu wiederholen.

Um 18:20 Uhr zu Hause angekommen, gibt es erst mal Abendessen, dann muss sie Hausaufgaben machen und den Wochenbericht für Sozialkunde vorbereiten. Dies dauert bis 20:00 Uhr. Noch rechtzeitig, um bei einem Spielfilm zu entspannen, mit Freunden zu chatten und dann schlafen zu gehen.

Und so geht es die ganze Woche, außer samstags. Dann hat sie entweder einen freien Tag, Auftritte, Wettkämpfe oder Ähnliches. Bereits als Kind nahm sie am Ballettunterricht, beim Turnen, am

Klavierunterricht, beim Schwimmen und an Reitkursen teil. Freizeit und Selbstbestimmung sind für Sophie Fremdwörter.

Nur weil Ihnen ein strukturierter Tagesplan gefällt und Sie gerne Ihre Freizeit für alles andere außer sich selbst opfern, heißt das nicht, dass Ihre Kinder es auch so sehen. Als junger Mensch will man das nicht. Man will Zeit mit Freunden verbringen, feiern gehen, sich besaufen, chillen und seine Jugend genießen.

Praxistipp

Achten Sie auf Anzeichen und Reaktionen Ihres Kindes. Schlechte Noten beispielsweise bedeuten nicht unbedingt, dass man nicht gelernt hat, sondern manchmal einfach nur, dass man so gestresst ist, dass man den Stoff gar nicht mehr aufnehmen kann. Oder man hat anderen Stoff genommen.

*

Aber auch als Kind solltest du den Eltern sagen, dass du auf bestimmte Sachen keine Lust mehr hast und viel lieber etwas anderes oder einfach gar nichts machen möchtest.

*

Dann sollte man es als Eltern aber auch akzeptieren oder gemeinsam einen Kompromiss finden. Anderenfalls findet Ihr Kind bestimmt eine andere Möglichkeit, das lästige Training zu umgehen und andere Sachen heimlich zu tun.

Sophie hat übrigens zu Drogen gegriffen, um dem Leistungsdruck standzuhalten. Da wären wir wieder beim Stoff. Sie hat später ein Jurastudium begonnen, das sie allerdings für einen Entzug abbrach. Ihrem guten Image, das Sie meinen als Supereltern zu haben, tut das nicht gut. Und Ihrem Kind auch nicht.

ANTI-INTERNET-ELTERN

Manche Eltern passen sich wirklich toll an die moderne Welt an. Andere weniger. Manche gar nicht. Für diese Eltern, ich nenne sie mal Anti-Internet-Eltern, stellt das Internet eine ebenso große Gefahr dar wie Ebola.

Routen werden noch mit Landkarte geplant, Telefonnummern im dicken Telefonbuch recherchiert, neue Rezepte bei der alten Frau von nebenan geholt, Krankheitssymptome im Gesundheitsbuch nachgeschlagen, Rechtschreibung und Übersetzungen im Wörterbuch überprüft, und bei Orientierungslosigkeit werden Fremde nach dem Weg gefragt.

Für Jugendliche und angepasste Eltern gibt es dafür genau ein Wort: Google. Ohne Internet würde nichts mehr gehen. Kaum zu glauben, dass Anti-Internet-Eltern ein internetloses Leben führen können. Was wären wir nur ohne Google, Facebook, WhatsApp, Snapchat & Co? Hausaufgaben und Referate wären unmöglich zu bewältigen, Ziele würde man nie erreichen, der Freundeskreis würde sich dritteln, und wir könnten uns ohne Dr. Google keine Sorgen mehr machen, ob wir bei Kopfschmerzen einfach nur Kopfschmerzen oder einen Gehirntumor haben. Anti-Internet-Eltern sehen das ganz anders: Im Internet gibt es nur Fake-News und 40-jährige Männer geben sich als 16-Jährige aus, um mit Mädchen chatten zu können. Und mehr: Hinter jedem Link versteckt sich ein Virus oder eine Pornoseite, und der Kontakt zu falschen Internetbekanntschaften wird mehr gepflegt als der zu den Personen, die mit einem zusammenleben. Ich denke, beide Seiten übertreiben. Das Leben besteht nicht nur aus dem Internet und Social Media, aber wenn es so etwas schon gibt, kann man es auch nutzen.

Praxistipp

Dass Sie sich als Eltern Sorgen um Ihr Kind machen, wenn Sie nicht genau wissen, was es im Internet tagtäglich treibt, ist verständlich. Aber gerade weil Sie sich nicht damit auskennen, können Sie nichts dagegen sagen. Das Internet kann eine Gefahr darstellen, muss es aber nicht in jedem Fall. Als vernünftig denkender Mensch erkennt man auch als Jugendlicher die Gefahren. Bevor Sie sich weiterhin Sorgen machen und das Internet weiterhin Ihr Erzfeind bleibt, machen Sie sich doch ein wenig mit der Materie vertraut. Lassen Sie sich von Ihren Kindern zeigen, wie das alles funktioniert.

*

Wenn man dann schon darum gebeten wird, solltest du dieser Bitte auch nachgehen und deinen Eltern wenigstens die wichtigsten und positiven Seiten des Internets zeigen. Negatives lässt du besser weg.

DIE JUNGGEBLIEBENEN

Dass Eltern cool sind und sich jünger verhalten, als sie sind, funktioniert meistens nicht. Mir kommt es so vor, als würde es bei Vätern eher funktionieren als bei Müttern. Grundsätzlich funktioniert es jedoch nicht.

Dieter ist 50 Jahre alt, Vater vom 18-jährigen Leon und versucht seit Monaten krampfhaft, sich wie dessen Freunde zu verhalten. Seinen Benutzernamen hat er überall zu Big D geändert, und auch zu Leons Freundin meinte er neulich: »Nenn mich doch einfach Big D. Herr Müller macht mich so alt.« Leons Kumpels werden mit einem »Hey, Digga« oder einem »Was geht, Bro« begrüßt. Dabei besteht er immer auf High Five oder Gettofaust. Letztes Wochenende erschien er doch dann tatsächlich in dem Club, in den Leon immer geht. Er meinte, er wolle mal wieder richtig dancen. Dafür sei man schließlich nie zu alt und er sowieso nicht. Daraufhin rastet Leon aus und versucht Big D klarzumachen, was er ihm damit eigentlich antut. Seine Antwort: »Junge, chill doch mal. Kein Grund, gleich rumzustresssen.«

Ein paar Tage später muss die Mutter länger arbeiten, und Leon fragt seinen Vater, ob er etwas kochen könne. »Nee Mann, kein Bock jetzt.« Der Grund, wieso er keinen Bock hat, ist, dass er gerade versucht, mit den neuen Snapchat-Filtern ein Selfie für Instagram zu machen.

Leon ist noch nie gerne mit seinen Eltern gemeinsam in den Urlaub gefahren. Meistens waren es langweilige Strandurlaube, in denen sie höchstens an einem Tag die wichtigsten Sehenswürdigkeiten besichtigten. Doch dieses Jahr hat auch Big D keinen Bock drauf. Er will lieber nach Malle zum Ballermann.

Nach dem Urlaub ist Leon ausgezogen.

Praxistipp

Wollen Sie Ihr Kind loswerden, ist das der richtige Weg. Wenn Sie aber einfach nur etwas moderner sein wollen, anstatt altmodische Eltern zu sein, ist das ja gut, aber bitte nicht so! Übernehmen Sie auf keinen Fall die Jugendsprache! Selbst bei Jugendlichen klingt es beschissen, demnach bei Ihnen erst recht. Alle Orte, die für junge Leute vorgesehen sind und an denen sich Ihr Kind oder dessen Freunde aufhalten, sind tabu!

*

Solltest du solche Eltern haben, kann ich dir nur einen Tipp geben: Halte deine Eltern von deinen Freunden fern und lasse dich mit ihnen nicht in der Öffentlichkeit blicken.

VEGETARIER UND VEGANER

Das Thema Ernährung wird heutzutage ganz groß geschrieben. Selbstverständlich will man nicht nur für sich selbst das Beste, sondern für die ganze Familie. Mit dem Elektroauto wird beim Bio-Markt am Ende der Stadt eingekauft, Hund und Katze bekommen gebarftes Fressen, was genauso teuer ist wie der Einkauf im Bio-Laden, und um die Babygläschen wird ein großer Bogen gemacht, da deren Inhalt nur aus Chemikalien besteht. Es wird aber nicht nur darauf geachtet, wo und was gekauft wird, sondern auch, dass es keine tierischen Inhaltsstoffe hat.

Da ich in Hauswirtschaft eine Abschlussprüfung geschrieben habe, kenne ich mich mit dem Thema ein wenig aus und kann Ihnen sagen, dass es definitiv nicht gut ist, wenn ein Kind vegetarisch oder vegan ernährt wird.

Für Jugendliche wird das spätestens dann zum Problem, wenn alle Freunde essen, was sie wollen, und man selbst der Einzige ist, der immer einen extra Wunsch hat, da man bestimmte Dinge nicht essen darf. Je nachdem, was für eine Art Vegetarier oder Veganer man ist, gehören zu diesen Dingen nicht nur Fleisch, Fisch und Wurst, sondern auch Eier, Honig und Milch. Sie fragen sich, wieso man keinen Honig essen darf? Die armen Bienchen werden von den bösen Menschen versklavt und gezwungen, Honig zu produzieren. Die sozialen Probleme sind nicht die einzigen, mit denen man rechnen muss, wobei diese für Jugendliche wahrscheinlich am schlimmsten sind.

Für die Eltern sind die gesundheitlichen Probleme wahrscheinlich wichtiger, da sie ja nicht nur aus Moral vegetarisch oder vegan sind, sondern auch wegen der Gesundheit. Natürlich ist es nicht gut, wenn man mit seinem Kind täglich sämtliche Fast-Food-Ketten besucht, um dort jede Mahlzeit zu sich zu nehmen. Genauso schlimm ist es, wenn man seinem Kind nicht das gibt, was es braucht, und es nicht selbst entscheiden lässt, ob es Tiere essen will oder nicht. Dem Kind wird es an Eisen, Calcium, Jod, Vitamin D und Vitamin

B12, Zink und Omega-3-Fettsäuren fehlen. Erst recht, wenn man sich auch während der Schwangerschaft vegetarisch/vegan ernährt. Aufgrund der Mangelerscheinungen kann es zu Entwicklungsstörungen kommen. Natürlich gibt es Vitaminpräparate. Aber wollen Sie Ihr Kind wirklich mit Tabletten vollstopfen, obwohl Sie so sehr auf eine gesunde Ernährung achten?

Zu was zählt eigentlich Muttermilch? Ein pflanzliches Produkt ist sie nicht, also muss sie tierisch sein, oder? Dürfen Babys, die vegetarisch/vegan ernährt werden, dann gestillt werden?

Praxistipp

Ernähren Sie Ihr Kind ganz normal. Wenn es alt genug ist, kann es selbst entscheiden, was es essen will und was nicht.

*

Solltest du von deinen Eltern so erzogen worden sein und Fleisch essen wollen, dann tue es einfach.

DIE REICHEN

Bekannt sind sie bestimmt allen. Die Kinder von reichen Eltern, die meinen, sich alles erlauben zu können. Ich persönlich mochte sie noch nie. Solltest du so ein Kind sein, dann sei bitte nicht beleidigt. Du kannst ja nichts dafür, sondern deine Eltern. Denn reiche Eltern sind mindestens genauso schlimm wie ihre Kinder.

Der 17-jährige Maximilian wird morgens vom Chauffeur zur Schule gefahren. Busfahren ist schließlich nur was für die Assis, die sich nichts leisten können. Von den Eltern gefahren zu werden wäre uncool. Außerdem ist sein Vater in Dubai auf Geschäftsreise, und seine Mutter muss zur Maniküre. Der Chauffeur holt Maximilian und seine Freundin Jennifer nach der Schule auch wieder ab.

Ernst meint Maximilian es nicht mit Jennifer, aber sie ist das geilste Mädchen an der Schule und somit automatisch seines. Sie himmelt ihn total an, nutzt ihn teilweise aber auch aus.

So ähnlich war es auch bei Maximilians Eltern. Sein Vater hat früh geerbt, und seine Mutter hat die Gelegenheit genutzt, um reich zu werden, ohne dafür etwas zu tun. Das Einzige, was sie tun muss, ist, die Ehefrau zu spielen. Dass Liebe nicht der Grund für eine Ehe war, ist Maximilian schon lange klar.

Man sollte annehmen, dass es Maximilian total gut geht, doch auch seine Eltern nerven. »Du hast die Jeans ja schon wieder an. Die hast du doch erst vor zwei Wochen getragen«, ist das Erste, was seine Mutter feststellt, als sie ihn sieht. »Hier hast du 500 €. Geh shoppen und kauf deiner Freundin auch etwas, so kann sie ja nicht rumlaufen.« Das Geld haut er natürlich gleich auf den Kopf.

Wenige Wochen später sind Sommerferien, und in Instagram und Snapchat sieht man, dass Maximilian in Mailand, Dubai, New York, Florida, Paris und auf den Malediven war. Vielleicht werden Sie an dieser Stelle neidisch, vor allem wenn ich Ihnen noch sage, dass er in allen Ferien die tollsten Orte besucht. Doch die Sache hat auch einen Haken. Er war dort noch nie, auch nicht als kleines Kind, mit seinen Eltern. Natürlich sind sie dabei, aber sie haben Besseres zu tun, als sich um ihren Sohn zu kümmern und mit ihm Zeit zu verbringen. Das übernimmt eine Nanny oder ein Au-pair. Und wenn seine Eltern etwas mit ihm unternehmen, dann gehen sie meistens nur essen. Kaviar und andere teure Leckereien sind für seine Familie wie Brot und Butter für normale Leute, doch eigentlich mag Maximilian genau diese Sachen nicht. Um seine Eltern nicht zu enttäuschen, isst er es trotzdem. Natürlich genießt er es, dass er alles bekommt und immer die neuesten und besten Dinge besitzt, aber er tut alles, was er tut, nur, um seine Eltern nicht zu enttäuschen, und trotzdem haben sie noch etwas zu meckern.

Vergessen Sie nicht, dass Ihr Kind mehr braucht als nur materielle Dinge, und dass Ihr Kind nicht perfekt sein muss. Selbst wenn es das Luxusleben ablehnt und Hartz-IV-Empfänger wird, ist das okay. Viel wichtiger ist es, dass Sie Ihrem Kind die richtigen Werte vermitteln.

DIE ASSIS

Es gibt diese typischen Assi-Familien mit Chantal, Jacqueline, Sandy, Cindy, Kevin und Jeremy-Pascal. Doch manchmal gibt es auch einen Thomas, der mehr erreichen will.

Der 16-jährige Thomas wohnt mit seinen Hartzer-Eltern und seinen vier Geschwistern in einer 3-Zimmer-Wohnung. Er geht auf die Realschule, möchte aber auch noch sein Abi machen, um später studieren zu können. Unterstützung von seinen Eltern bekommt er nicht, da sie der Meinung sind, dass man auch ohne Anstrengung ein schönes Leben haben kann. Der Staat macht's möglich. Deswegen sind sie von den Plänen ihrer anderen Kinder mehr begeistert.

Der 21-jährige Kevin ist Drogendealer und saß bis vor Kurzem im Knast. Das hält ihn jedoch nicht von seinen Geschäften ab. Er verdient damit ganz gut, und wenn er wieder im Knast ist, haben seine Eltern wenigstens mehr Geld für Kippen und Alkohol.

Jeder Mann kennt die 19-jährige Chantal von einem Junggesellenabschied. Was sie dort macht, muss ich Ihnen bestimmt nicht erklären. Auch sie verdient ganz gut, gibt die Hälfte aber ihrer großen Liebe Justin. Er legt das Geld an, da sie ein Kind erwarten, er selbst arbeitslos ist und Chantal auch bald, da keiner eine schwangere Stripperin sehen will.

Das Vorbild der 13-jährigen Sandy ist natürlich ihre große Schwester. Sie möchte genauso hübsch und begehrt sein. Neulich

wurde sie von einem Typen angesprochen, der meinte, dass sie bei ihm schnell viel Geld verdienen könne. Er dachte, dass sie schon volljährig sei. Da sie es aber nicht ist, nahm er sein Angebot zurück, versprach ihr allerdings, eine Stelle frei zu halten. Sie erzählte ihren Eltern davon, und diese meinten, dass Prostituierte auch nur ein ganz normaler Job wie jeder andere sei. Ob man Schuhe, Lebensmittel oder den eigenen Körper verkauft, ist doch egal.

Der 12-jährige Jeremy-Pascal weiß noch nicht, was er mal machen möchte, aber er interessiert sich für Waffen und wird von seinem Vater bestärkt, so schnell wie möglich in das Geschäft einzusteigen und sich einen guten Ruf als Waffenhändler zu machen.

Thomas hält davon gar nichts und versteht seine Eltern nicht. Alle anderen Eltern würden sich freuen, wenn der Sohn ein Einserschüler wäre, doch seine stempeln ihn als Streber ab, der mit 40 Jahren noch Jungfrau sein wird. Dass er seit zwei Jahren eine Freundin hat, wissen sie nicht. Er will sie seinen Eltern nicht vorstellen, da er sich für diese schämt. Sie liegen den ganzen Tag nur auf dem Sofa, lachen die Leute vom Assi-TV aus (obwohl sie da genauso gut mitmachen könnten), saufen, rauchen und freuen sich über einen gelegentlichen Joint von Kevin. Thomas' Mutter putzt nur selten. So selten, dass man auch sagen könnte, dass sie nie putzt. Das macht Thomas, weil alle anderen zu faul sind und er sich sonst nicht wohlfühlt. Liebe wird auch ganz klein geschrieben. Einmal im Jahr, meist an seinem Geburtstag oder Weihnachten, ruft ihm seine Mutter »Mutti hat dich lieb!« hinterher, wenn er die Wohnung verlässt.

Praxistipp

Wenn man genauso ist wie seine Assi-Eltern, hat man mit ihnen bestimmt kein Problem. Wenn man in seinem Leben allerdings mehr als Hartz IV erreichen will, nerven sie total, vor allem, wenn sie einen dabei nicht unterstützen. Man muss sich um wirklich alles selbst kümmern, auch um Sachen, für die Eltern eigentlich zuständig sind, bekommt keine Unterstützung, muss sich für die eigenen Eltern schämen, kann keine Freunde zu sich nach Hause einladen und muss mit Assis zusammenleben.

Ich bezweifle, dass jemals Assi-Eltern dieses Buch in der Hand halten werden, da sie das Geld lieber in Zigaretten investieren, daher bringt es auch nichts, den Eltern einen Tipp zu geben.

Dir als Kind solcher Eltern kann ich nur empfehlen, deinen eigenen Weg zu gehen und von diesem nicht abzukommen.

DIE NUTTEN

Bleiben wir doch gleich mal bei Eltern, für die man sich schämen muss. Mit Nutten meine ich keine echten Nutten, sondern Mütter, die sich wie Nutten kleiden.

Chantal aus dem vorherigen Abschnitt hat sich noch während der Schwangerschaft von Justin getrennt, da er sie betrogen hat. Sie lebt wie ihre Eltern vom Staat, da sie der Meinung ist, dass ein Körper wie ihrer für etwas Besseres als Arbeit geschaffen ist. Ihr Sohn Lennox ist mittlerweile 15 Jahre alt, nicht so vernünftig wie Onkel Thomas, auch nicht so schlimm wie seine anderen Onkel und Tanten, aber auch nicht normal. Chantal ist demnach also 24 Jahre alt. Es gibt einige Situationen, in denen Lennox sich für seine Mutter geschämt hat.

Patrick ist vor Kurzem in die Stadt gezogen und geht mit Lennox in eine Klasse. Neulich standen sie nach dem Unterricht vor der Schule und haben noch eine geraucht, bevor sie nach Hause gegangen sind. »Schau mal, die da drüben. Die ist richtig heiß, genau mein Typ.« Auf der anderen Straßenseite steht eine Blondine mit sehr guter Figur, knappem Minijeansrock, einem engen schwarzen

Spitzentop, durch das der rote BH durchscheint, und schwarzen Overknees-Stiefeln. »Alter, das ist meine Mutter!«

An einem Samstagabend warten Lennox und Chantal an der Bushaltestelle auf den Bus, da sie zu Chantals Eltern wollen. Ein Auto kann sie sich nämlich nicht leisten. Während Lennox auf der Bank sitzt, steht Chantal am Straßenrand. Kurz bevor der Bus kommt, hält ein Auto an der Haltestelle. »Wie viel pro Nacht?«, fragt der Fahrer. Diese Frage kann man ihm eigentlich nicht verübeln, denn Chantal trägt ein bauchfreies Top mit tiefem Ausschnitt und der Aufschrift »F*ck me« und Hotpants, die so kurz sind, dass man ihren halben Hintern sieht.

»Ich war am Samstag in dem neuen Club. Richtig nice da. Lief auch ganz gut mit den Mädels, hab eine abgeschleppt. Der beste Sex meines Lebens«, erzählt ein 18-jähriger Kumpel Lennox am Montag und zeigt ihm ein Selfie mit einer hübschen, sehr freizügig gekleideten Blondine. »Alter, das ist meine Mutter!«

Praxistipp

Ich bin mir sicher, dass auch diese Eltern kein Buch lesen würden, deswegen auch an dieser Stelle kein Tipp für Eltern. Und auch für dich als Kind einer solchen Mutter habe ich leider keinen Tipp. Ihren Kleidungsstil wird deine Mutter bestimmt nicht ändern und auf wen deine Freunde stehen, kannst du auch nicht beeinflussen. Halte am besten alle männlichen Wesen von deiner Mutter fern und kaufe dir gute Ohrstöpsel für den Fall, dass es nicht funktioniert.

DIE VORSTADTFAMILIE

Nun zur Entspannung eine Familie, in der alles geregelt und vorbildlich abläuft. Kleiner Scherz! Vorstadtfamilien wirken nur so, entspannt ist aber etwas anderes.

Nehmen wir doch mal eine typische Vorstadtfamilie. Mutter, Vater, Tochter, Sohn. Der Vater verlässt als Erster das Haus. Die Mutter schmiert den Kindern ihr Pausenbrot, bringt sie zur Schule, wenn sie nicht mit dem Bus fahren, und fährt dann auch zur Arbeit. Sie arbeitet Teilzeit und kann nach Feierabend die Kinder von der Schule abholen. Dann fährt sie zum Supermarkt, während die Kinder ihre Hausaufgaben machen und lernen. Danach kocht sie und kümmert sich währenddessen um den Haushalt. Die Kinder ruhen sich aus oder sind bei ihren Freunden. Pünktlich zum Essen sind alle, auch der Vater, wieder zu Hause.

Am Wochenende engagieren sich die Eltern ehrenamtlich, laden die Nachbarn zum Grillen ein oder machen mit den Kindern einen Ausflug. Auch die Kinder engagieren sich ehrenamtlich oder sind in einem Verein, treffen sich mit Freunden oder bereiten sich für den nächsten Test am Montag vor.

Und jetzt blicken wir einmal hinter die Kulissen.

Es ist ein warmer, sonniger Samstag. Der 12-jährige Sebastian und die 16-jährige Katharina hatten vor, auszuschlafen, da die Nachbarn aber zum Grillen eingeladen sind, müssen sie früher aufstehen, um ihren Eltern bei den Vorbereitungen zu helfen. »Geht euch doch bitte noch mal umziehen. Was sollen denn die Nachbarn denken?« Spoiler: Diesen Satz werden Sie öfter lesen. Katharina trägt ihren neuen Rock, den ihre Mutter zu kurz findet, und Sebastian hat das T-Shirt an, das er auch schon gestern trug. Um sicherzugehen, dass die Kinder anständig angezogen sind, sucht die Mutter ihnen etwas zum Anziehen heraus.

Nach dem Frühstück bekommt Katharina die Aufgabe, draußen auf der Terrasse die Tische zusammenzuschieben und zu decken.

»Die Tische stehen doch nicht gerade. Was sollen denn nur die Nachbarn denken?«, stellt ihr Vater fest, holt Zollstock und Wasserwaage und positioniert die Tische neu. »Wieso hast du denn nicht das neue Geschirr genommen? Das habe ich doch extra für solche Anlässe gekauft. Was sollen denn nur die Nachbarn denken, wenn sie das sehen?« Hektisch räumt die Mutter das Geschirr weg und kommt mit dem neuen wieder.

Sebastian kommt mit dem Sack Holzkohle gerade aus dem Wohnzimmer, als seine Mutter das Geschirr abstellt. Die Holzkohle hat nicht nur auf seinem Shirt, sondern im halben Haus Spuren hinterlassen. »Wie siehst du denn aus? Und das Wohnzimmer! Papa hat dir doch gesagt, dass du damit nicht durchs Haus laufen sollst. Geh dich bitte sofort umziehen. Toll, jetzt kann ich noch mal wischen. Zum Glück sind die Nachbarn noch nicht da. Was würden die nur denken?«

Ich sollte noch erwähnen, dass die Nachbarn nicht aus Nettigkeit eingeladen werden, sondern nur, damit der Vater seinen neuen Grill präsentieren kann.

»Katharina, setz dich gerade hin! Was sollen denn die Nachbarn denken?«, flüstert die Mutter ihr beim Essen zu. Und auch bei Sebastian hat sie etwas zu nörgeln, als er sich verschluckt und halb erstickend wie verrückt hustet. »Hand vorm Mund beim Husten! Was sollen denn die Nachbarn denken? Wenn du nicht aufhörst zu husten, dann geh dazu wenigstens ins Haus.«

Nach dem Essen füllt die Mutter etwas von dem Essen um und bittet Sebastian, es der alten Dame von nebenan zu bringen, da sie krank ist und nicht kommen konnte. »Die wird das doch bestimmt nicht essen. Die kann das Fleisch doch gar nicht mehr kauen«, stellt Sebastian fest. »Das ist mir doch egal. Du bringst ihr das jetzt. Was denken denn sonst die Nachbarn?«

Praxistipp

Wie man wahrscheinlich gemerkt hat, ist den Vorstadtfamilieneltern sehr wichtig, was die Nachbarn von ihrer Familie denken. Kindern ist das allerdings egal. Und es nervt, wenn man ständig auf die kleinste Kleinigkeit hingewiesen wird, von der die Nachbarn schlecht denken könnten. Die Nachbarn sind doch auch nicht besser als man selbst. Jeder hat eine Leiche im Keller. Manche auch zwei oder drei. Und manche sind Bestatter.

Was die Nachbarn von Ihren Kindern denken, kann Ihnen doch egal sein. Auch hier gilt, den Kindern wichtige Werte zu vermitteln. Wichtig ist, dass man so ist, wie man ist, und nicht so, wie einen andere gerne hätten. Natürlich sollten die Kinder sich in der Öffentlichkeit und in Gesellschaft anderer benehmen, aber wenn Ihren Nachbarn irgendetwas nicht passt, dann sollen die doch in Zukunft einfach zu Hause bleiben.

Der Rest dieses Abschnitts kann von Eltern übersprungen werden.

*

Solltest du solche Eltern haben, dann blamiere diese doch einfach mal so richtig bei der nächsten Gartenparty. Genieße die Blicke deiner Nachbarn in den nächsten Monaten und antworte darauf provokant mit einem »Ich wünsche Ihnen einen wunderschönen guten Morgen, Frau Müller. Ich hoffe, dass Sie heute einen absolut fantastischen Tag haben werden.« Vielleicht wirst du von deinen Eltern für die Blamage bestraft, aber was würden denn die Nachbarn denken, wenn das arme Kind bestraft wird?

ADAM UND EVA

Es gibt Eltern, die zu Hause nackt rumlaufen. Ständig. Immer. Jeden Tag. Vor ihren armen, unschuldigen Kindern. Ich hoffe sehr, dass das nur sehr, sehr, sehr, sehr selten vorkommt. Sollten Sie zu diesen Personen gehören und gerade nackt dieses Buch lesen, während Ihre jugendlichen Kinder sich im selben Raum befinden, womöglich sogar mit Freunden, würde ich gern wissen, warum Sie Ihren Kindern das antun.

Da ich keine verstörenden Bilder in meinem Kopf haben möchte, denke ich mir diesmal kein eigenes Beispiel aus, sondern stelle Ian und Barbara Pollard vor, die Nacktgärtner. 1994 kauften die beiden mit ihren drei Kindern ein verfallenes Klostergebäude in Malmesbury, England. Sie richteten das Grundstück wieder her, um Leute aus aller Welt nach Malmesbury zu locken. Der Garten ist wirklich hübsch. Da sie dem Nudismus angehören, laufen sie nicht nur zu Hause nackt herum, sondern auch in ihrem Garten. Es gibt auch Tage, an denen die Besucher die Möglichkeit haben, den Garten nackt zu besichtigen. Das ist ja noch okay. Vielleicht wurde eine wichtige Information überlesen, da man schreckliche Bilder vor dem inneren Auge hatte oder auch schöne Bilder, wer weiß: Die beiden haben drei Kinder. Und die müssen mit ihren nackten Eltern zusammen in einem Haus leben. Sie selbst stört es im Alltag nicht so sehr. Peinlich wird es, wenn Freunde zu Besuch kommen. Ihr Sohn meinte, dass es noch okay ist, wenn seine Kumpels seinen Vater nackt sehen. Das, was sie sehen, haben sie ja schließlich selbst. Wenn sie aber seine Mutter sehen, wird es unangenehm.

Wenn Eltern das schon immer machen, kennen die Kinder das ja und haben dadurch vielleicht kein Problem damit. Anders ist es, wenn die Eltern einfach so damit anfangen. Wie würdest du reagieren, wenn deine Eltern auf einmal ohne Vorwarnung täglich nackt im gemeinsamen Zuhause rumlaufen? Ich würde nie wieder Freunde

einladen. Auch wenn die Mädchen dasselbe haben wie meine Mutter und die Jungs dasselbe wie mein Stiefvater, würde ich das nicht wollen. Ich würde deren Mutter ja auch nicht nackt sehen wollen. Damit hätte ich auch ein Problem, obwohl ich dieselben Körperteile habe. Erst recht würde ich meinen Freund nicht mit nach Hause nehmen. Stell dir vor, dein Freund / deine Freundin würde deine Eltern nackt sehen. Alleine schon die Tatsache, dass deine Eltern mehrmals am Tag nackt an dir vorbeigehen würden, ist doch schon schrecklich genug, oder?

Praxistipp

Sollten deine Eltern immer nackt sein, dann mache ihnen klar, dass dich das stört, egal wie. Suche dir einen guten Psychologen, um dieses traumatische Erlebnis verarbeiten zu können.

*

Sollten Sie als Eltern nackt rumlaufen, fragen Sie Ihre Kinder regelmäßig, ob das für sie auch wirklich in Ordnung ist. Am besten ist es aber, wenn Sie es einfach lassen.

DIE NATURVERBUNDENEN

Manche Leute verbringen ihre Zeit gerne in der Natur, darunter auch Eltern. Wenn diese ihre Kinder naturverbunden erziehen, ist das für kleine Kinder bestimmt schön. Wandern gehen, Urlaub auf dem Bauernhof, Spaziergänge und Camping gehören allerdings nicht zu den Lieblingsbeschäftigungen der meisten Jugendlichen.

Während Toms Freunde in den Sommerferien irgendwo hinfliegen, muss er mit seiner Familie nach Bayern fahren, wo sie auf einem Bauernhof zwei Wochen Urlaub machen. Von seinen Freunden bekommt er Snaps, wie sie am Flughafen auf das Flugzeug warten, auf einer Jacht feiern, im Pool chillen, sich am Strand sonnen und Spaß haben. Er hingegen muss frühmorgens aufstehen und arbeiten. Seine Eltern sind total begeistert. Kühe und Ziegen melken, Stall ausmisten, Pferde satteln, Hühner füttern, Eier einsammeln, Luft, die nach Natur riecht, und ein kleines Fleckchen Erde, wo die Welt noch friedlich scheint. Tom sieht das anders: arbeiten, Mist, Gestank, Dreck. »Atme doch mal tief diese wunderbare Luft ein«, meint seine Mutter und macht es ihm vor. »Soll ich tot umkippen oder was?«

Letzten Frühling war Tom mit seinen Eltern wandern. Während seine Eltern pfeifend vorangingen, taten Tom nach Kurzem schon die Füße weh. »Wir haben dir doch gesagt, dass du Wanderschuhe anziehen sollst. Dann setz dich kurz hin, ruhe dich aus und genieße die Stille.« – »Ich will mich nicht hinsetzen. Ich will heim. Das Problem sind nicht die Schuhe, sondern ihr.«

Praxistipp

Dass Sie die Natur lieben, ist nicht schlimm. Schlimm ist, dass Sie von Ihrem Kind das Gleiche verlangen, obwohl es nicht in der Natur sein will. Bringen Sie ihm einfach nur bei, dass man auf seine Umwelt und die Natur achtgeben muss, und gut ist's.

*

Deine Eltern sind bestimmt alt genug, um alleine Urlaub zu machen. Überrede sie also, dass du alleine zu Hause bleiben solltest. Wahrscheinlich werden sie damit nicht einverstanden sein oder wollen, dass ihr wenigstens einmal einen kurzen Urlaub zusammen macht. Wie wäre es mit Strandurlaub? Man ist umgeben von Natur (Meer und Strand), und vielleicht kann man dort durch das Tauchen auch die Unterwasserwelt entdecken. Während deine Eltern das machen, kannst du entspannen.

3-SEKUNDEN-ELTERN

In diesem Abschnitt komme ich auf den Satz »Ich zähle bis drei« zurück. Eltern, die diesen Satz als Erziehungsmethode nutzen, nennt man auch 3-Sekunden-Eltern.

Wenn Sie mit einem Kleinkind Verstecken spielen und bis drei zählen, ist das in Ordnung. Obwohl drei Sekunden doch wenig Zeit sind. Die 1-2-3-Methode in der Erziehung zu verwenden, um ein bestimmtes Verhalten zu unterbinden, halte ich allerdings für schwachsinnig. Vor allem, wenn man seinem Kind vorher nicht klarmacht, was bei Drei passiert, und wenn man bei Drei angekommen ist und dann gar nichts geschieht. Was wollen Sie Ihrem Kind denn beibringen? Dass es im Leben nur zwei Optionen gibt (entweder du räumst auf oder du bekommst Hausarrest) und keine Möglichkeit, einen Kompromiss zu finden (wenn du nicht bis zum Wochenende aufgeräumt hast, bekommst du Hausarrest)?

In einem Artikel über diese Erziehungsmethode habe ich gelesen, dass man sie am besten bei dreijährigen Kindern anwendet, bis sie in die Pubertät kommen. Aber mal ehrlich, glauben Sie wirklich, dass ein vierjähriges Kind in der Trotzphase macht, was Sie wollen? Es hieß auch, dass die drei Sekunden dazu dienen, dass sich das Kind umentscheiden kann. Innerhalb von drei Sekunden? Da den 3-Sekunden-Eltern klar ist, dass das nicht funktionieren kann, zögern sie die Drei hinaus. Zwischen den Zahlen werden Sätze hinzugefügt, die damit drohen, dass bei Drei wirklich etwas passiert. Kleine Kinder sind aber nicht dumm, und ihnen ist klar, dass dann nichts passiert. Es sei denn, Sie ziehen das konsequent durch.

Wenn Sie Glück haben, ist Ihr Kind ein Engel, so wie ich es war, und braucht diesen Quatsch nicht oder tut, was Sie verlangen, bevor Sie überhaupt anfangen zu zählen. Zu der Anwendungsdauer: Da kann ich nur zustimmen, denn selbst wenn Ihr Kind darauf hört, wird es das spätestens in der Pubertät nicht mehr.

Kurz und knapp: entweder mit Konsequenz oder gar nicht.

DIE HYGIENEFREAKS

Bestimmt sind auch diese Sagrotan-Muttis bekannt, die früher schon auf einer Bank beim Spielplatz saßen und neben sich ein Fass stehen hatten, das mit Sagrotan gefüllt war und in dem das Kind erst einmal nach dem Spielen gebadet wurde, damit es an den vielen Krankheitserregern, Keimen und Bakterien, die auf dem Spielplatz ihrem nächsten Opfer auflauern, nicht stirbt.

So geht es auch der kleinen vierjährigen Helena mit ihrer Mutter. Nach ihrem Sagrotan-Bad müssen Helena und ihre Mutter mit dem Bus nach Hause fahren. Für die Mutter natürlich eine Horrorvorstellung. Beim Einsteigen drückt sie Helena einen Mundschutz in die Hand. Hinsetzen darf sich die Kleine nicht, denn in den Sitzen wohnen noch mehr Keime als an den Metallstangen. Festhalten soll sich Helena trotzdem an ihrer Mutter.

Zu Hause angekommen, muss sie sich zuerst die Hände gründlich waschen und danach desinfizieren. Während Helena mit ihrem frisch gereinigten Spielzeug spielt, bereitet ihre Mutter das Abendessen vor. Dies dauert doppelt so lang wie bei anderen Frauen. Nicht, weil sie eine schlechte und unerfahrene Köchin ist, sondern weil sie die Lebensmittel gründlich säubert und sich immer die Hände wäscht, nachdem sie etwas angefasst hat. Bevor es dann endlich Essen gibt, muss sie erst einmal das Geschirr, das Helenas Mutter wenige Stunden zuvor aus der Spülmaschine geräumt hat, noch mal spülen. Schließlich könnten sich dort wieder Bakterien angesiedelt und vermehrt haben.

Nach dem Abendessen muss Helena die Zähne putzen. Selbstverständlich wird die Zahnbürste täglich gewechselt. Und auch der

Bettbezug wird jeden zweiten Tag gewechselt, denn in Betten tummeln sich Milben, deren Kot, Spinnen, Pilze und Insekten. Vor allem für Helena als Allergikerin ist das besonders gefährlich.

Am nächsten Morgen zieht Helena Klamotten an, die am Abend zuvor frisch gewaschen wurden. An Kleidung, die sie schon einmal getragen hat, haben sich nämlich Keime fremder Menschen gesammelt.

Auch der Kindergarten ist eine Horrorvorstellung für ihre Mutter. Andere Kinder, die womöglich krank sind, schmutziges Spielzeug, Erzieherinnen, die nicht auf Hygiene achten, und ihre schutzlose Helena mittendrin.

Zwei Jahre später wird Helena eingeschult. In der Schule geht der Horror weiter. Lehrer, die nicht auf Hygiene achten, andere Kinder, die womöglich krank sind, und ihre ahnungslose Helena mittendrin, die sich vielleicht die verseuchten Stifte der anderen Kinder ausleiht. Die schlimmsten Befürchtungen ihrer Mutter bestätigen sich. Helena ist sehr oft krank, was natürlich nur an der mangelnden Hygiene der Schule liegt.

Noch schlimmer für Helenas Mutter wird es, als Helena ihr ihren ersten festen Freund vorstellt. Wer weiß, welche Geschlechtskrankheiten er hat. Das einzige Positive an dieser Beziehung ist für Helenas Mutter, dass der Vater des Freundes ihrer Tochter Arzt ist und somit hoffentlich auf Hygiene achtet. Das tut er natürlich auch. Und auf Helenas Gesundheit achtet er auch. Ihr Immunsystem ist extrem geschwächt, und sie hat Arthritis, eine entzündliche Erkrankung der Gelenke, und das mit 14 Jahren. Arthritis gibt es in verschiedenen Formen, eine davon ist Rheuma.

Praxistipp

Die Dosis macht das Gift. So ist es auch mit Hygiene. Dass man sich die Hände wäscht, wenn man nach Hause kommt, ist ja normal, und das sollte man auch machen, aber man sollte es nicht übertreiben. So bewirkt man nur das Gegenteil von dem, was man eigentlich erreichen wollte.

*

Seien Sie meinetwegen ein Hygienefreak, aber ziehen Sie da bitte nicht Ihre Kinder mit rein. Wenn Ihr Kind sich nicht erkundigt, ob der Partner irgendwelche Krankheiten hat, und sich ansteckt, ist das natürlich blöd, aber Ihr Kind ist dann selber schuld. Das liegt nicht in Ihrer Verantwortung.

*

Solltest du eine Sagrotan-Mutti haben, dann freunde dich heimlich langsam mit Bakterien an. Setze dich im Bus hin oder halte dich fest, ohne danach deine Hände zu waschen und zu desinfizieren. Eins von beiden reicht.

DIE STREITHÄHNE

Was auch immer besonders nervt, ist, wenn sich die Eltern streiten. Vor allem Scheidungskinder kennen das, aber auch alle anderen. Dass Sie sich mit Ihrem Partner mal streiten, ist ja ganz normal, aber muss das wirklich vor den Augen Ihres Kindes bzw. in dessen Hörweite geschehen?

Ich zeige mal anhand des 15-jährigen Markus, wie es für ihn ist, dass seine Eltern immer streiten, sowohl vor als auch nach der Scheidung.

Das Erste, was Markus sonntags hört: »Wieso hast du das Fenster in der Nacht offen gelassen? Es hätte sonst was passieren können! Was wäre denn gewesen, wenn jemand eingebrochen wäre? Außerdem ist es hier drinnen jetzt total kalt!« Dass seine Mutter seinen Vater anschreit, ist mittlerweile fast schon normal und auch, dass er davon regelmäßig geweckt wird. »Was heißt denn offen ge-

lassen? Es war nur gekippt! Hier in der Gegend ist noch nie eingebrochen worden, und das wird auch nicht genau dann passieren,
wenn ich einmal das Fenster nicht schließe! Außerdem ist Sommer,
es kann nicht kalt sein!« Und auch, dass sein Vater dann zurück-
schreit, ist normal. Am Frühstückstisch herrscht danach immer
eisiges Schweigen. Markus versucht, die Stimmung ein wenig auf-
zulockern, und erzählt von seinem gestrigen Fußballspiel, bei dem
er zwei Tore geschossen hat. »Schön«, kommt von seiner Mutter.

Als er abends im Bett liegt, hört er, wie seine Eltern wieder streiten. »Ich hab dir schon so oft gesagt, dass du dieses verdammte
Licht ausmachen sollst, bevor du dich hinlegst! Was ist daran denn
so schwer? Das solltest sogar du hinbekommen!« – »Ich vergesse es
halt immer! Aber dann such dir doch einen anderen, der das Licht
ausschaltet, wenn ich dir nicht gut genug bin!«

Auch den Rest der Woche sieht und hört Markus seine Eltern
nur streitend. »Hast du schon wieder die Sojamilch vergessen? Das
gibt's doch nicht! Jedes Mal der gleiche Scheiß! Du weißt doch ganz
genau, dass ich Lactose nicht vertrage und keine Kuhmilch trinken
soll!« – »Dann kauf sie doch das nächste Mal selbst, ich bin doch
nicht dein Butler! Ein echter Mann würde so etwas eh nicht trinken!« – »Dann such dir doch einen anderen, wenn ich dir nicht
männlich genug bin!« Irgendwann hat Markus genug von diesem
Kindergartentheater. »Könnt ihr euch bitte scheiden lassen! Ich halt
das nicht mehr aus!« Hier merkt man, dass Kinder manchmal wesentlich vernünftiger sind als die Eltern. Und wenn ein Kind will,
dass sich die Eltern scheiden lassen, muss es für das Kind wirklich
schlimm sein, denn normalerweise ist das doch das Letzte, was ein
Kind will.

In seiner Freizeit merkt man, dass Markus mehr mitbekommt,
als seine Eltern denken, und was das mit ihm macht. Schon morgens ist er total genervt, wenn er die Schule betritt. Nicht nur wegen der Schule, sondern hauptsächlich wegen seiner Eltern. Der
Fünftklässler, der ihn aus Versehen anrempelt, wird erst mal kräf-

tig gegen die Wand geschubst, und auf einen kleinen Scherz seines besten Freundes folgt ein »Halt's Maul, Hurensohn!«. Beim Fußballtraining nach der Schule wirft er ebenfalls mit Beleidigungen und Vorwürfen um sich, wenn es nicht so gut läuft.

Einige Wochen später verkündet Markus' Vater seiner Mutter, dass er die Scheidung möchte. »Warum denn das auf einmal? Wir führen doch eine glückliche Ehe und wir haben einen wundervollen Sohn. Liebst du mich etwa nicht mehr?« Glückliche Ehe, merkt man total. »Wir streiten uns nur noch, jeden Tag. Ich kann so nicht mehr weitermachen.« – »Wir streiten uns doch nicht! Wieso behauptest du denn so etwas?« Und dann fängt mal wieder der nächste Streit an.

Bis die beiden geschieden sind, ist Markus bereits 16 Jahre alt. Er lebt bei seiner Mutter und besucht seinen Vater immer in den Ferien. Vereinbart ist, dass dieser ihn pünktlich um 20:00 Uhr zu Hause absetzt. Wegen einer Umleitung am letzten Tag der Sommerferien kommen die beiden allerdings erst um 20:04 Uhr an. Markus' Mutter wartet bereits ungeduldig vor der Haustüre. »Was fällt dir eigentlich ein, dich nicht an die Vereinbarungen zu halten? Markus sollte schon längst zu Hause sein! Morgen muss er wieder in die Schule, er muss ausgeschlafen sein. Wegen dir wird er jetzt bestimmt total gestresst sein!«, brüllt sie, als die beiden aussteigen. »Ich bin wegen dieser verdammten Umleitung nur vier Minuten später da, also reg dich jetzt nicht so auf! Deswegen wird Markus schon nicht gestresst sein.« – »Du bist doch bestimmt gestresst, oder?«, möchte seine Mutter von Markus wissen. »Nein, eigentlich nicht.« – »Denkst du, ich bin blöd und merke nicht, dass du unseren Sohn manipulierst und ihn gegen mich aufhetzt?«

Praxistipp

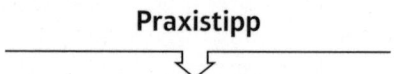

Wenn Sie sich schon streiten, dann klären Sie das irgendwo, wo Ihr Kind das nicht mitbekommt. Fahren Sie in den Wald oder sonst wohin. Am meisten leidet nämlich Ihr Kind darunter.

*

Sollten deine Eltern Streithähne sein und den Praxistipp nicht befolgen, musst du selbst dafür sorgen, dass du nichts mitbekommst. Natürlich wirst du etwas mitbekommen, aber nicht alles. Wenn sich deine Eltern wieder anschreien, nimm dir deine Kopfhörer und höre so laut wie möglich Musik oder triff dich mit Freunden oder fahre in den Wald, wenn deine Eltern das nicht tun.

DIE STREITLUSTIGEN

Es gibt nicht nur Eltern, die immer mit dem anderen Elternteil streiten, sondern auch Eltern, die sich gerne allgemein mit anderen Leuten streiten, zum Beispiel mit Lehrern, mit Nachbarn, mit Eltern von anderen Kindern, mit Kassiererinnen, mit alten Leuten, eigentlich mit allen. Wenn ich solche Leute in der Öffentlichkeit sehe, ist es mir oft peinlich, obwohl ich die nicht kenne. Manchmal ist es aber auch einfach nur lustig. Wie peinlich ist es dann wohl den Kindern dieser Leute? Wenn sie sich mit Lehrern streiten, ist es zwar verständlich, meist aber übertrieben, und als Schüler des betroffenen Lehrers würde man dessen Stunden in Zukunft am liebsten schwänzen.

Würde Melanie das tatsächlich tun, würde sie die Schule für keine einzige Stunde mehr betreten. Ihre Mutter war nämlich schon immer der Meinung, dass ihre Tochter von den Lehrern ungerecht behandelt wird, sie alle unfähig sind und im Schulsystem etwas schiefläuft. Dass eine Sechs bei Abgabe eines leeren Blattes mehr als berechtigt ist, interessiert sie natürlich nicht, denn Melanie hat ja nichts Falsches geantwortet. Also beschließt ihre Mutter, den Lehrer aufzusuchen. Aber nicht auf normalem Wege mit einem Termin. Nein, sie platzt ins Lehrerzimmer. »Wo ist denn nun dieses feige Muttersöhnchen?« Als sie erfährt, dass er gerade im Unterricht ist, lässt sie ihn von der verängstigten Referendarin holen. Was genau Melanies Mutter zu ihm sagt, erspare ich Ihnen, denn danach wären auch Sie verängstigt. Kurz zusammengefasst: Sie verlangt von ihm und dem Direktor, dass sie Melanie für ihre Kreativität wenigstens eine Fünf geben, was bei einem leeren Blatt jedoch keinesfalls möglich ist. Letztendlich versprechen die beiden ihr, die Sache noch mal zu prüfen, da sie schon den Tränen nahe sind.

Ein paar Wochen später steht ein wichtiger Test an bei bereits bekanntem Lehrer. Bisher hatte er Melanie immer ignoriert, um einen weiteren Besuch ihrer Mutter zu vermeiden. Heute ist er aber mutig. »Lass deiner Kreativität diesmal bitte keinen freien Lauf und beantworte stattdessen einfach nur die Fragen.« Diesen Spruch hört Melanie nicht zum ersten Mal. Ihre Mutter ist jedem seit Melanies erstem Schultag an dieser Schule bekannt, weshalb natürlich auch der neueste Vorfall sofort die Runde machte.

Ein paar Tage später bekommt sie den Test zurück. Eine Vier, was aber daran lag, dass Melanie kaum gelernt hatte. Ihre Mutter sieht das allerdings anders. Ihrer Meinung nach ist mal wieder der Lehrer schuld. »Bei euch an der Schule arbeiten nur Trottel! Ich werde dort morgen sofort hinfahren!«

Ich möchte noch ein kurzes Erlebnis aus meinem eigenen Leben erzählen. Vor ein paar Monaten bin ich, wie jeden Tag, mit der S-Bahn nach Hause gefahren. Etwas entfernt von mir saß eine Frau neben einer türkischen Frau. Ich weiß nicht, wieso das so ist, und das ist auch nicht böse gemeint, aber die meisten Ausländer telefonieren überdurchschnittlich laut. Die Türkin wurde dann angerufen und hat sich mit der Person am anderen Ende unterhalten. Es war nur ein ganz kurzes Gespräch, aber auch sie war etwas lauter. Die Frau neben ihr brüllt dann auf einmal: »Können Sie nicht mal leiser telefonieren? Was soll das denn? Keiner hier interessiert sich für Ihre Telefonate!« Die Türkin wollte sie daraufhin dann beruhigen und hat sie am Arm berührt, was wirklich nur eine beruhigende und entschuldigende Geste sein sollte und kein Angriff. Dann springt die andere Frau wie von der Tarantel gestochen auf und brüllt: »Fassen Sie mich nicht an! Was fällt Ihnen denn ein?« Definitiv übertrieben. Sie hat sich dann zur Tür gestellt und ist bei der übernächsten Station ausgestiegen. Der Türkin war das richtig unangenehm, weil alle sie angeschaut haben. Jeder hat das mitbekommen, weil die andere so laut war. Aber sich über ein lautes Telefonat beschweren. Die Türkin tat mir auch wirklich leid, aber ehrlich gesagt fand ich das so lustig, dass ich fast angefangen hätte zu lachen.

Praxistipp

Dass Sie sich mit jedem anlegen, auch wenn es grundlos ist, ist kein Problem. Ist ja schließlich Ihre Sache, wenn Sie sich unnötig aufregen. Wenn allerdings Ihr Kind involviert ist, ist es vor allem dessen Problem, wenn Sie sich unnötig aufregen.

*

Wenn deine Eltern nie Kontakt mit deinen Lehrern hatten, kannst du das vielleicht nicht nachvollziehen. Wenn deine Eltern aber auch nur ein Wort mit einem Lehrer gewechselt haben, solltest du eigentlich wissen, dass man so etwas nicht tut. Dann kannst du dir doch bestimmt auch vorstellen, wie es ist, wenn Eltern nicht nur mit den Lehrern reden, sondern auch mit ihnen streiten. Wenn deine Eltern streitlustig sind, versuche einfach, es mit Humor zu sehen. Wenn du beispielsweise in Melanies Situation wärst, als der Lehrer sie anspricht, antworte mit: »Darf ich die Fragen auch mit Bildern beantworten?«

FAST-FOOD-ELTERN

Erst einmal möchte ich sagen, dass ich nichts gegen dicke Menschen habe. Wenn sie krank sind, können sie schließlich nichts dafür. Ich verstehe nur nicht, wie man alleine durchs Essen so dick werden kann. Noch weniger verstehe ich, wie man seine Kinder so dick werden lassen kann. Sie sind erwachsen und haben ein Kind, für das Sie Verantwortung tragen! Wenn Sie sich in Ihrem Körper wohlfühlen, gut, aber Ihr Kind leidet darunter, und noch mehr leidet es, wenn es genauso aussieht.

Werfen wir mal einen Blick in Marvins Leben. Das Normalgewicht von fünfjährigen Jungs liegt bei 18 kg bis 20 kg. Marvin wog mit fünf Jahren 23 kg. »Das ist noch Babyspeck. Das verwächst sich schon noch«, hieß es laut seiner Mutter. Bei sich selbst sagte sie auch immer, dass das alles Schwangerschaftspfunde seien. Nach fünf Jahren noch Babyspeck und Schwangerschaftspfunde, klar. Mit zehn Jahren wog er 45 kg. Das Normalgewicht liegt bei 35 kg bis 38 kg. Dieser Junge wog mit zehn Jahren so viel wie ich mit 18 Jahren. Jetzt wiegt er mit 16 Jahren anstatt 70 kg bis 75 kg Normalgewicht 87 kg. Das lassen wir so erst mal stehen und sehen uns an, wie das bei Max ist. Alle Werte richten sich nach einem durchschnittlichen Menschen. Bei besonders kleinen, großen oder muskulösen Menschen sieht das natürlich anders aus.

Max war schon immer dünn, seine Eltern noch nie. Beide sind stark übergewichtig. Max hat eigentlich keine Probleme in der Schule oder mit anderen Jugendlichen. Eigentlich. Denn sobald jemand herausfindet, dass seine Eltern übergewichtig sind, macht das ganz schnell die Runde, und alle fangen an, ihn deswegen blöd anzumachen und zu mobben. Bestimmt hat jeder schon mal von Deine-Mudda-Witzen gehört. Hier eine kleine Auswahl der Lieblingswitze seiner Mitschüler: »Deine Mudda ist so fett; als sie das letzte Mal im Meer baden war, kam ein japanisches Fischerboot, um sie zu harpunieren«, »Wenn deine Mudda tanzen geht, bekommt der Be-

griff Walzer eine ganz neue Bedeutung«, »Deine Mudda tanzt Limbo durch das Brandenburger Tor«, »Deine Mudda ist so fett, sie muss zum Wiegen ins Kieswerk«, »Deine Mudda ist so fett, dass sie beim Bungee-Jumping die ganze Brücke mitreißt«, »Deine Mudda ist so fett; neben ihr sieht Moby Dick aus wie ein Tic-Tac«, »Wenn deine Mudda auf dich im Schulhof wartet, verdunkelt sich das Klassenzimmer« und »Google Earth hat angerufen, deine Mudda ist zu fett!«.

Genauso geht es Marvin. Nur dass er selbst auch beleidigt wird. »Lass die reden. Das verwächst sich alles noch«, sagt seine Mutter dann immer. Aufmuntern tut das Marvin allerdings nicht. Sein Vater weiß, was zu tun ist. Ein paar Burger und Nuggets und dann wird es seinem Sohn gleich viel besser gehen. Also fährt er zum Drive-in, gibt seine Bestellung auf und kommt mit einer Rückbank voller Fast Food wieder. Nach dem Essen meint Marvin zu seinen Eltern, dass seine Probleme durch Essen nicht unbedingt besser werden, und bekommt von seiner Mutter daraufhin eine Tafel Schokolade, denn Schokolade macht glücklich.

Praxistipp

Wie belastend Übergewicht für Ihre Kinder sein kann, muss hoffentlich nicht mehr erwähnt werden.

*

Es gibt viele Gründe für Mobbing, die natürlich alle nicht richtig sind. Menschen mit einer Behinderung werden zum Beispiel gemobbt, weil sie behindert sind, was überhaupt nicht geht und nicht okay ist, aber es wird sich nie ändern. Wir leben mittlerweile in einer Welt, in der das »normal« ist. Wenn man jemanden mit Übergewicht mobbt, ist das natürlich auch nicht in Ordnung, aber das ist etwas, was man ändern kann.

Wenn man sich in seinem Körper wohlfühlt und die gesundheitlichen Risiken in Kauf nimmt, gut, aber dann muss man auch mit den Sprüchen klarkommen. Wenn man sich nicht wohlfühlt, ist man der Einzige, der an der Situation etwas ändern kann.

*

Wenn Sie sich nicht wohlfühlen, stellen Sie Ihre Ernährung um, egal ob als Eltern oder Kind. Die, die einen beleidigt haben, werden einen bewundern. Sie werden es niemals zugeben, aber sie werden einen bewundern, denn sie hätten die Kraft dazu niemals gehabt. Man sollte nicht nur sich selbst diesen Gefallen tun, sondern auch den Menschen, die man liebt.

*

Das soll jetzt nicht falsch verstanden werden. Jeder ist perfekt, so wie er ist. Aber manchmal macht Schokolade eben nicht glücklich, sondern unglücklich, und dann ist man der Einzige, der das ändern kann.

Neulich habe ich ein Radio-Interview gehört. Der Moderator meinte zu seinem türkischen Gast, dass dieser anderen Ausländern, die diskriminiert werden, Mut macht, und wollte wissen, was er dazu sagt. Sein Gast meinte, dass ihn das natürlich freut, aber wenn sie diskriminiert werden, sollten sie sich auch Gedanken machen, woran das liegt, ob das vielleicht an ihrem eigenen Verhalten liegt. Natürlich ist das ein ganz anderes Thema, aber das Prinzip ist das gleiche.

ÖKO-TANTEN

Das Gegenteil von Eltern, die wahllos alles in sich hineinstopfen und jeden Meter mit dem Auto fahren, sind Öko-Tanten. Dabei handelt es sich leider nicht um Tanten, sondern um Mütter. Väter auch, aber meist sind es Mütter. Häufig sind sie Vegetarier oder Veganer. Es wird auf alles verzichtet, was der Natur und der Umwelt schadet, die Haare dürfen wachsen, wo sie wollen, und in der Erziehung wird viel Wert darauf gelegt, dass das Kind mit der Natur eins wird und es sich selbst und andere so respektiert und akzeptiert, wie man ist. Strenge und Regeln spielen dabei keine Rolle.

Mit solchen Müttern muss man wirklich umgehen können, sonst wird man verrückt. Und wenn man nicht mit ihnen umgehen kann, sollte man schlau genug sein, um die verbotenen Dinge hinter deren Rücken zu tun.

Das hat Mia schon vor einigen Jahren gelernt. Anstatt eine halbe Ewigkeit zu Fuß zur Schule zu gehen oder mit dem Rad zu fahren, steigt sie eine Straße weiter, wo ihre Mutter sie nicht sehen kann, in den Bus ein. Dort wechselt sie auch von den Bio-Cotton-Klamotten zu den Made-in-Bangladesh-Klamotten. Ihr veganes Bio-Pausenbrot schenkt sie den Obdachlosen, die am Bahnhof neben der Schule hausen, und kauft sich stattdessen einen unveganen Snack am Kiosk. Mia bezweifelt, dass die Obdachlosen ihre Brote essen, und selbst deren Hunde rühren sie bestimmt nicht an. Auf der Toilette in der Schule sprüht sie sich mit Deo und Parfüm ein, denn das selbst zusammengepanschte Zeug ihrer Mutter riecht nach frisch gemähtem Rasen. Ab und zu geht Mia für ihre Mutter nach der Schule einkaufen. Dabei erlaubt sie sich den Spaß und beklebt normale Produkte mit dem Bio-Siegel anderer Produkte. Ihre Mutter hat es noch nie gemerkt. So schädlich kann das also nicht sein. Krank geworden sind sie nach dem Verzehr nie. Wenn Mia allerdings mal krank ist, hilft laut ihrer Mutter nur ein warmes Kirschkernkissen, Bio-Kamillentee und Bio-Brennnesseltee. Egal, was sie hat. Von Medikamenten und Impfungen hält ihre Mutter rein gar nichts. Mia bekam als Baby nur die vorgeschriebenen Impfungen und sonst keine. »Die Menschen in Afrika sind auch glücklich, obwohl sie dort Malaria und Aids haben«, meint ihre Mutter immer. Kopfschmerztabletten und so Zeug bekommt sie von ihren Freundinnen, und auch die Pille muss sie sich heimlich besorgen. Denn selbst Hormone sind nicht gut für den Körper.

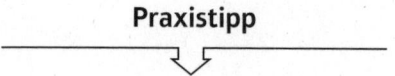
*

Sollten Sie bereits eine Öko-Tante sein, dann überlassen Sie doch bitte Ihren Kindern selbst die Entscheidung, ob sie Öko-Tanten werden wollen oder nicht. Eines Tages stirbt jeder, egal wie man lebt und was man isst. Natürlich ist die Lebenserwartung von Fast-Food-Eltern geringer, aber wenn man erst einmal tot ist, spielt das auch keine Rolle mehr.

LEHRER-ELTERN

Was ist schlimmer als Eltern, die als Lehrer arbeiten? Genau, nichts! Es gibt nichts Schlimmeres! Selbst der Weltuntergang wäre nicht so schlimm, weil er eine Erlösung wäre für die armen Kinder. Denn Lehrer ist man nicht nur in der Schule, Lehrer ist man ständig und überall jede Sekunde seines Lebens. Es ist zwar praktisch, wenn man etwas nicht versteht und es sofort erklärt bekommt und sich darauf verlassen kann, dass die Erklärung korrekt ist, allerdings sind da auch immer dieser Druck und die Kontrolle, ob man auch wirklich lernt, die Hausaufgaben macht, den Stoff versteht und gute Noten schreibt.

Stell dir vor, du bist ein eher schlechter Schüler mit einem Vierer-Durchschnitt. Vielleicht musst du dir das auch nicht vorstellen, weil es so ist. In diesem Fall nicht schlimm, dann kannst du Folgendes besser nachvollziehen. Deine Mutter ist Deutsch- und Physiklehrerin, dein Vater Mathe- und Englischlehrer.

Natürlich ist es wichtig, die deutsche Sprache zu beherrschen, aber in den zwei Jahren, die seit meinem Abschluss vergangen sind, habe ich nie die Merkmale einer Reportage wissen müssen und auch nie eine Erörterung über die Nachteile des Lebens eines Profifußballers schreiben müssen. Für eine Autorin ist Deutsch natürlich wichtig, aber wenn man nicht gerade diesen Beruf ausübt, können einem Prädikate und der Akkusativ scheißegal sein. Ich finde es wichtig, dass man sich so ausdrücken kann, dass man sich gegenüber seinem Vorgesetzten nicht schämen muss, was bei der heutigen Jugend leider nicht der Fall ist. Da aber auch Erwachsene wie Big D immer häufiger die Assisprache bevorzugen, kann einem selbst die eigene Ausdrucksweise egal sein. Traurig, aber wahr. Die deutsche Sprache wird von der Generation, die eines Tages für dieses Land verantwortlich sein wird, misshandelt und verstümmelt. Stell dir vor, Frau Merkel würde das tun. »Ey Seehofer, was läuftn bei dir schief, Diggah?« Verständlich also, dass deine Eltern, vor allem deine Mutter, auf deine Ausdrucksweise viel Wert legen und es ihnen wichtig ist, dass dein Wortschatz aus mehr als nur ein- oder zweisilbigen Jugendwörtern besteht. Das kann aber sehr schnell nervig werden. Besonders für die, die nur Assisprache sprechen. Kurzes Beispiel: »Ma, bin Shishabar. Penn bei Max.« – »Und jetzt bitte noch einmal auf Deutsch, Thomas.« Es ist jedes Mal dasselbe, wenn Thomas mit seiner Mutter spricht. »Ich helfe dir, Thomas. Mama, ich gehe zur Shishabar. Ich werde bei Max übernachten. Das ist doch gar nicht so schwer, oder?«

Physik habe ich immer gehasst. Ich finde, entweder man interessiert sich dafür und versteht es oder man muss spicken. Mir ist es eigentlich scheißegal, wie der Strom in mein Smartphone kommt, Hauptsache der Akku ist nicht leer. Die Leitungen über der S-Bahn sind mir auch egal, Hauptsache sie hat keine Verspätung. Wenn du aber gerade genau diese Themen durchnimmst und zusammen mit deinen Eltern mit der S-Bahn zur Schule fahren musst, kann dir das nicht egal sein, weil deine Mutter von dir wissen möchte, wie das mit den Leitungen da oben funktioniert. Blöd, wenn du es nicht weißt, denn als Physiklehrerin ist deine Mutter in der Lage, dich damit die ganze Fahrt über zu nerven und dich vollzutexten.

Mathe ist fast genauso schlimm wie Physik. Der entscheidende Unterschied, der Mathe etwas erträglicher macht, ist, dass man einfach nur den Dreh raushaben muss. Wenn man erst mal weiß, was die Zahlen von einem wollen, und das x nicht mehr als Feind ansieht, kann man mindestens eine Drei schaffen. Der Weg dorthin ist allerdings nicht besonders leicht. Im ersten Moment wirst du vielleicht froh sein, einen Vater zu haben, der dir dabei helfen kann. Fünf Sekunden später wirst du es bereuen, weil er es genauso kompliziert erklärt wie alle anderen Lehrer auch. Abwimmeln kannst du ihn nicht mehr, denn er ist voll in seinem Element. Innerhalb der nächsten fünf Minuten hat dein Vater mit so vielen Fachbegriffen um sich geworfen, dass du dir nicht mehr sicher bist, ob er überhaupt deutsch gesprochen hat oder eher lateinisch.

Da dein Vater auch Englischlehrer ist, wurdest du von klein auf zweisprachig erzogen, in der Hoffnung, dass du dich im Unterricht leichter tust und mit deinem perfekten Englisch alle anderen übertriffst. Problem: Du bist so sprachtalentiert wie eine rohe Kartoffel. Umso größer ist der Ehrgeiz deines Vaters, dich sprachlich zu fördern. Zu den täglichen Hausaufgaben gibt es von ihm eine Zusatzübung. Weil das noch nicht reicht, werden die neuesten Vokabeln jeden Tag abgefragt, bis du sie kannst.

Zusammengefasst sind das die häufigsten Sätze, die man als Kind von Lehrern hört: »Hast du schon gelernt?«, »Hast du deine Hausaufgaben gemacht?«, »Ich frag dich lieber noch mal ab«, »Du gehst aber erst raus, wenn du alles für die Schule erledigt hast«. Den Rest erspare ich dir.

Praxistipp

Trennen Sie Berufliches und Privates. Ihr Kind ist nicht Ihr Schüler. Genau wie alle anderen Schüler ist Ihr Kind für seine Noten selbst verantwortlich und nicht die Eltern, egal ob Lehrer oder nicht. Schalten Sie einen Gang runter.

*

Mache nicht den Fehler und frage deine Eltern, wenn du etwas nicht verstehst. Tue immer so, als würdest du alles verstehen. Hilft aber auch nicht immer. Das Einzige, was wirklich hilft, ist, ein Einserschüler zu werden. Den Stress würde ich mir an deiner Stelle allerdings nicht unbedingt machen.

ERZIEHER-ELTERN

Erzieher-Eltern sind so ähnlich wie Lehrer-Eltern. Sie üben ihren Job auch in ihrer Freizeit bei ihren Kindern aus. Man könnte sagen, dass alle Eltern gewissermaßen Erzieher sind, weil sie ihre Kinder *erziehen*, allerdings gibt es deutliche Unterschiede zwischen Erzieher- und normalen Eltern.

Stellen Sie sich vor, ihr 17-jähriger Sohn sitzt beim Essen an Heiligabend mit seinem Smartphone am Tisch. Wie würden Sie reagieren? Was würden Sie sagen? Bestimmt so etwas in der Art: »Manuel, jetzt leg endlich mal dein scheiß Handy weg! Heute ist Weihnachten. Das kann ja wohl nicht wahr sein! Nicht mal an solchen Tagen kannst du ohne das Teil!« Bei Erziehern klingt das dann so: »Manuel, legst du jetzt bitte dein Handy zur Seite. Wir wollen doch gemeinsam essen. Sei doch bitte so lieb.« Darauf würde Manuel noch nicht einmal reagieren, weil er viel zu sehr in seinen Chat vertieft ist.

Nächste Situation. Manuel kommt mit einem blauen Auge und einer aufgeplatzten Lippe nach Hause. Sie erfahren, dass er in eine Schlägerei verwickelt war. Normale Menschen: »Sag mal, spinnst du eigentlich total? Hast du nichts Besseres zu tun? Weißt du, was alles hätte passieren können? Du kannst froh sein, dass du mit dem Gesicht jetzt schon genug bestraft bist, sonst hättest du jetzt noch Hausarrest.« Erzieher: »Mein Liebling, was ist denn passiert? Du weißt doch, dass man andere Leute nicht schlagen darf! Tut es denn sehr weh? Zeig mal her. Soll ich mal mit der Mutter des anderen Jungen reden? Das Problem lässt sich bestimmt auch gewaltfrei lösen. Gewalt ist keine Lösung, Manuel.«

Man darf vieles nicht, und trotzdem gibt es genügend Leute, die es tun. Aber mal ernsthaft. Man darf wirklich keine anderen Leute schlagen, meine Lieben, sonst muss ich mit der anderen Mutter reden!

Wie wahrscheinlich schon bemerkt wurde, behandeln Erzieher ihre Kinder wie ihre Kindergartenkinder, obwohl sie schon in der Pubertät sind oder die vielleicht auch schon hinter sich haben und Eltern brauchen, die sie zu Hause erziehen, und keine Erzieher, die sie zu Hause erziehen.

Kann man seine Eltern da überhaupt ernst nehmen? Ich bezweifle es. Ich bezweifle auch, dass man die Erziehungsmethoden aus dem Kindergarten erfolgreich in das Privatleben übernehmen und am eigenen Kind anwenden kann. Die sind ja auch für eine Gruppe von Kindern ausgelegt und nicht auf ein einzelnes Individuum. Außerdem kann man nicht mit seinem schon fast erwachsenen Kind eine Laterne basteln.

Praxistipp

Wenn Sie Erzieher sind, dann denken Sie doch bitte daran, dass zu Hause keine Kindergartengruppe auf Sie wartet, sondern Ihr eigenes Kind, das sich in einer ganz anderen Altersgruppe befindet. Im Gegensatz zu Ihren Kindergartenkindern müssen Sie zu Ihrem eigenen Kind nicht immer nett und gerecht sein. Müssen Sie natürlich schon (ich kann mich jetzt nicht schon wieder auf die Seite der Eltern stellen). Aber wenn Sie es mal nicht sein sollten, haben Sie keine total gestressten und überforderten Eltern am Hals, die ihren ganzen Frust an

Ihnen auslassen. Gehen Sie aber nicht zu weit, sonst haben Sie das Jugendamt am Hals.

*

Sollten deine Eltern Erzieher sein, bin ich mir nicht ganz sicher, ob du wirklich dieses Buch lesen wirst oder doch eher *Die kleine Hexe*. Wenn du es aber doch tatsächlich liest, dann wird sich nach diesem Abschnitt dein Leben ändern. Du wirst innerlich deine Erzieher-Eltern auslachen, nicht auf die Kindergarten-Standardsätze hören und anfangen, dein Leben selbst in die Hand zu nehmen. Und wenn du das nicht tust, dann vergiss bitte nicht, deine eigene Schaufel mit zum Spielplatz in den Sandkasten zu nehmen. Man darf anderen Kinder nämlich nicht die Schaufel wegnehmen!

KÜNSTLER

Dass Künstler nicht immer normal sind, ist bestimmt bekannt. Außer Autoren natürlich. Bestimmt liegt das daran, dass sie so viel Fantasie und so viele Ideen in ihrem Kopf haben, dass sich das auf ihr Verhalten auswirkt. Vielleicht sind sie aber auch in einer früheren Zeit stecken geblieben oder sind uns eine Zeit voraus.

Ist bestimmt nicht so toll, wenn man Hippie-Musiker-Eltern hat und es zu Hause gelegentlich merkwürdig riecht und die Eltern scheinbar schwerelos durch die Gegend tanzen, wenn man Freunde einlädt. Du weißt schon, was ich meine.

Manche Spezialisten meinen, in den Werken berühmter Maler zu erkennen, wie sie sich bei der Kreation ihres Meisterwerkes gefühlt haben. Nehmen wir doch mal *Der Schrei* von Edvard Munch. Es heißt, dass der Maler in seinen Werken die äußere Natur zum Spiegel seines inneren Erlebens machte. Durch dieses Gemälde verarbeitete er einen dramatischen Spaziergang. Denn während dieses abendlichen Spazierganges erlitt er eine Angstattacke, weil er mein-te, dass jemand geschrien hat. Ein wirklich sehr traumatisierendes Erlebnis, das unseren vollen Ernst erfordert. Aber jetzt mal wirklich ernst gemeint: Wenn ich wegen solchen Kleinigkeiten malen würde, hätte ich schon ein eigenes Museum und du bestimmt auch. Dann stell dir mal vor, wie eine Wohnung aussieht, in der ein malendes Weichei wohnt. Überall Farbe, der Geruch von Farbe, Leinwände, Staffeleien, Pinsel und trocknende Kritzeleien. Und meistens sind die ja total besessen, wenn sie malen und blenden ihre Umwelt aus. Als Kind hat man da definitiv die Arschkarte.

Man merkt sicherlich, dass das Kind eines Künstlers es nicht leicht hat.

Praxistipp

Wenn Sie nicht wollen, dass Ihr Kind sich beim Schulausflug in die Psychiatrie wie zu Hause fühlt, dann lassen Sie Ihrer Kreativität doch bitte woanders freien Lauf. Bauen Sie den Keller um, mieten Sie einen Raum, ein Atelier oder sonst was. Sollte das nicht möglich sein, dann bemühen Sie sich bitte we-nigsten normal zu sein.

*

Wie gesagt, du hast die Arschkarte. Daran kannst du aber auch nichts ändern. Deine Hippie-Musiker-Eltern werden beim Proben immer kiffen, vielleicht sogar mit deinen Freun-den. Und deine Angstattacken verarbeitende Künstler-Mutter wird weiterhin schreckliche Bilder malen. Ich kann dir nur einen Tipp geben: Wenn du auziehst, schaue, ob deine El-tern dir etwas Künstlerisches eingepackt haben. Erzeugnisse aus einer Horrorzeit möchtest du bestimmt nicht mit in die erste eigene Wohnung nehmen.

DIE SPIRITUELLEN

Die Spirituellen sind genauso schlimm wie die Künstler. Am besten zeige ich das anhand des Beispieles der 16-jährigen Shanti. Allein ihr Name verrät, dass Ihre Eltern spirituell sind. Er ist indisch und bedeutet Ruhe, Frieden.

Wie jeden Samstagabend führen Shantis Eltern ihr Ritual durch. Mit geschlossenen Augen sitzen sie sich im Wohnzimmer auf einem Kissen im Schneidersitz gegenüber. Um sie herum stehen Kerzen und Räucherstäbchen. In ihren Händen halten sie einen Engel, denn die Grundbausteine der Spiritualität sind Rituale, Stille, Gebete und Engel. Beten tun sie zum Glück nur in Gedanken. Shanti ist schon spät dran und braucht die Unterschrift eines Elternteiles, damit sie mit ihrem Freund länger im Club bleiben darf. »Kann das jetzt mal bitte einer von euch unterschreiben? Ich hab euch das doch schon heute Morgen auf den Tisch gelegt. Ich hab jetzt auch echt keine Zeit, Tom ist gleich hier.« Mit geschlossenen Augen und völlig tiefenentspannt sagt ihr Vater: »Stör bitte nicht unser Ritual. Ich breche nur ungern mein Gebet ab. Du musst dich definitiv noch in Geduld üben. Nimm dir einen Moment Zeit und setz dich zu uns.« – »Habt ihr mir überhaupt zugehört? Ich habe keine Zeit und brauche diese verdammte Unterschrift!« – »Dein Vater hat recht, du solltest dich zu uns setzen. Du bist immer viel zu schnell auf 180. Die Engel werden dir positive Energie geben.«

Es überrascht Sie bestimmt nicht, dass Shanti die Unterschrift nicht bekommen hat und ohne Erlaubnis länger im Club geblieben ist. Es ist aber sehr gut, dass sie sich nicht dem Ritual angeschlossen hat. Wie Kinder enden, die diesen Fehler begangen haben, sehen Sie anhand von Heiko und Guido von *Schwiegertochter gesucht*. Wer sie nicht kennt, sollte die beiden googeln.

Es ist schön und gut, wenn Sie etwas haben, was Sie beruhigt und woran Sie glauben. Aber mal ganz ehrlich, man kann auch übertreiben. Wenn Ihr Kind etwas von Ihnen will oder Sie braucht, dann scheißen Sie auf Ihre Engel, die können auch ein paar Minuten warten.

*

Sollten deine Eltern nicht auf die Engel scheißen, dann musst du dafür sorgen, dass alles, was geregelt werden muss, sofort geregelt wird, wenn deine Eltern mal ein paar Sekunden Pause machen mit ihrem spirituellen Zeugs.

LANGWEILER

Es gibt Leute, die ständig etwas unternehmen wollen und nicht eine Minute nichts tun können. Es gibt aber auch Leute, die am liebsten den ganzen Tag nichts tun wollen.

Wenn das Kind zur ersten Personengruppe gehört und die Eltern zur zweiten, kann das für das Kind schon mal schnell langweilig werden. Als Kind will man in den Zoo, auf den Spielplatz oder sonst was unternehmen. Wenn man älter wird, ändert sich das natürlich. Manche wollen nicht mal mit ihren Eltern gesehen werden. Es gibt aber auch Jugendliche, die gerne Zeit beziehungsweise mehr Zeit mit ihren Eltern verbringen würden, vielleicht sogar, weil die Eltern noch nicht mal damals etwas mit ihrem Kind unternommen haben. Dabei ist gemeinsame Zeit so wichtig. Als Vater kann man mit seinem Sohn doch Fußball spielen, angeln oder Formel 1 anschauen und so ein gemeinsames Hobby finden, das man auch später noch gemeinsam ausüben kann. Als Mutter kann man mit der Tochter backen, kochen oder Handarbeit machen wie nähen oder so etwas.

Alles Dinge, die man später auch gemeinsam machen kann. Oder vielleicht einfach mal ins Kino, in einen Park oder ins Schwimmbad als Familie.

Ich kann verstehen, dass es schwer ist, das alles unter einen Hut zu bekommen. Nach der Arbeit ist man fertig und muss sich dann noch um andere Dinge kümmern, und am Wochenende will man sich einfach nur ausruhen. Total verständlich. Aber Erholung kann auch etwas sein, was man gerne macht, und nicht einfach nur rumgammeln. Wenn man beispielsweise dieselben Serien schaut oder den gleichen Filmgeschmack hat, kann man Rumgammeln und gemeinsam etwas unternehmen natürlich perfekt kombinieren. So schwer ist das gar nicht.

Meine Mutter, mein Stiefvater und ich mögen zum Beispiel Assi TV, *Bauer sucht Frau*, *Das Supertalent* und solche Sendungen, weil wir es lieben, uns über die Leute lustig zu machen. Dadurch können wir ein schönes Wochenende miteinander verbringen, ohne dass jemand gestresst wird. Es macht aber trotzdem Spaß.

Praxistipp

Wenn Sie am Leben Ihres Kindes Interesse haben und ein Teil davon sein wollen, müssen Sie auch etwas dafür tun. Wenn Sie wollen, dass Ihr Kind mit 30 Jahren noch zu Hause wohnt, könnten Sie das so auch erreichen. Was aber nicht heißt, dass Sie keine gemeinsame Zeit mit Ihrem Kind verbringen sollen, wenn Sie wollen, dass es bald auszieht.

*

Sollten deine Eltern Langweiler sein, dann sprich sie darauf an und mache Vorschläge. Wenn sie trotzdem nichts mit dir unternehmen wollen, dann unternimm so oft es geht etwas mit Freunden, sodass deine Eltern dich kaum noch sehen beziehungsweise sodass du quasi nur noch zum Schlafen nach

Hause kommst. Deine Eltern werden dann, wenn sie nicht komplett ignorant sind, merken, dass etwas eventuell nicht stimmen könnte.

AUSLÄNDISCHE ELTERN

Als Erstes möchte ich gleich mal sagen, dass ich nichts gegen Ausländer habe. Ich kenne ausländische Jugendliche, die von dem, um das es in diesem Abschnitt geht, wirklich genervt sind. Allgemein gesagt geht es um ausländische Eltern. Oh Wunder bei dieser Überschrift! Im Großen und Ganzen nerven Eltern auf der ganzen Welt, unabhängig von der Herkunft, in denselben Punkten. Trotzdem gibt es Unterschiede. Trifft natürlich nicht immer zu, wie bei jedem anderen Abschnitt auch.

Ausländische Eltern wollen immer ganz genau wissen, was ihre Kinder vorhaben. »Wo gehst du hin? Wie lange bleibst du? Mit wem bist du unterwegs?« – »Ich gehe zu Jan. Um 21 Uhr bin ich wieder hier.« – »Wer ist Jan? Was machst du bei ihm? Woher kennst du ihn? Was macht er?« – »Er geht in meine Klasse. Er hilft mir in Mathe, weil er Klassenbester ist. Danach wollten wir noch zocken.« – »Gut, dann geh.«

Ausländische Eltern drohen ihren Kindern gerne mal. »Räum dein Zimmer auf, sonst ruf ich deinen Vater an! Dann gibt es Ärger!«

Generell sind ausländische Eltern meist eher strenger, weil bei ihnen bestimmte Sachen mehr Bedeutung haben als bei uns, beispielsweise Religion. Deswegen sind sie beim Thema Beziehung und allem, was damit verbunden ist, strenger.

Die meisten Ausländer sind total gastfreundlich und kümmern sich total lieb um ihre Gäste, besonders was das Essen angeht. Man nimmt nicht nur bei einem Besuch bei der Oma fünf Kilo zu, sondern auch bei ausländischen Freunden. So weit passt ja alles, aber manchmal werden sie dann schon fast aufdringlich, und man kann ja schlecht Nein sagen. Aber auch der Freund kann seine Eltern nicht davon abhalten. Und das kann wirklich für alle richtig unangenehm sein.

Deutsche sind ja für ihre Pünktlichkeit bekannt. Viele Ausländer gehen das eher gechillter an und kommen dann auch mal öfter zu spät. Wenn man sich als deren Kind in diesem Punkt eher den Deutschen anpasst und auf Pünktlichkeit achtet, ist es bestimmt auch richtig nervig, wenn man wegen den Eltern immer zu spät kommt und ihnen immer wieder sagen muss, dass sie sich beeilen sollen.

Einigen Kindern ist es auch unangenehm, wenn die Eltern nicht so gut Deutsch können. Deutsch ist eine schwere Sprache, weshalb das einerseits verständlich ist, aber andererseits könnte man auch erwarten, dass man sie nach 20 Jahren einigermaßen beherrscht. Man muss aber auch berücksichtigen, dass es in manchen Sprachen keine Artikel gibt und dass man die dann leicht vertauschen kann.

Praxistipp

Den Eltern kann ich an dieser Stelle eigentlich keine Tipps geben, außer sich vielleicht von den Kindern helfen zu lassen, um sich besser anpassen zu können, was aufgrund einer anderen Kultur und Religion bestimmt nicht leichtfällt.

*

Die Kinder sollten ihren Eltern dann auch helfen und dabei geduldig sein, denn sie sind schließlich diejenigen, die von ihren Eltern genervt sind und etwas dagegen tun können.

FUSSBALL-VÄTER

Ich verstehe nicht viel von Fußball. Eigentlich gar nichts, um ehrlich zu sein. Vielleicht geht es einigen anderen da auch so. Von einer besonders ehrgeizigen Vatergruppe haben aber bestimmt schon alle einmal gehört: die Fußball-Väter. Sollten Sie dazugehören, kennen Sie sich natürlich bestens mit Fußball aus. Nur noch mal kurz zur Erklärung für diejenigen, die sich unter Fußball-Vätern nichts vorstellen können: Das sind die, die vom Spielfeldrand ihren Söhnen Anweisungen zubrüllen und sich nach einer Niederlage mit dem Schiedsrichter prügeln, weil seine Entscheidungen unfair waren.

Es ist ja schön und gut, wenn man seine Kinder bei deren Hobbys unterstützt und sie bei Spielen anfeuert, aber es gibt auch für Eltern Grenzen, die nicht überschritten werden sollten. Jeder weiß, dass man etwas besser kann, wenn es einem Spaß macht. Wenn man allerdings schon mit vier Jahren von seinem Vater trainiert wird (die Trainer taugen schließlich nichts), damit man es in die G-Jugend schafft, verliert man bestimmt schnell den Spaß. Folglich lässt die Leistung nach. Daraufhin wird der Verein gewechselt, in der Hoffnung, dass die Trainer dort ihren Job besser machen. Der kleine Felix hat erkannt, dass er weniger Stress hat, wenn er sich die größte Mühe gibt, das zu machen, was sein Vater ihm im Training vom Rand aus zubrüllt. »Mensch, Junge! Du musst am Ball bleiben! So wird das doch nichts! Du hast wohl immer noch nicht verstanden, worum es geht!« Ich kann Ihnen sagen, um was es geht. Es geht darum, dass der Sohn eines Tages, sobald wie möglich, zur Nationalelf gehört und somit den Traum seines bierbäuchigen Vaters erfüllt. Ein paar Jahre später ist Felix schon ein top Stürmer. Fragen Sie mich nicht, woran man einen top Stürmer erkennt, ich weiß nämlich nicht mal, was dessen Aufgabe ist, selbst nachdem ich gegoogelt habe. Jedenfalls liegt das nur am Ehrgeiz seines Vaters. Wäre der nicht da, hätte er schon längst aufgehört. Als ein paar weitere Jahre später auch andere Dinge interessant werden, zum Beispiel Mäd-

chen, vergeht Felix fast komplett die Motivation. Sein Vater findet das natürlich überhaupt nicht toll, denn das gefährdet seine Position als Bester der B-Junioren. Sein nächstes Ziel ist die U21-Nationalmannschaft und dafür muss Felix in seinen Augen noch viel mehr trainieren, obwohl er ohnehin schon fünfmal in der Woche trainiert. Nebenbei muss er auch noch in der Schule Leistung bringen, Freundschaften pflegen und darf dabei natürlich auch nicht sich selbst vergessen. Dass hier sämtliche Grenzen von den Fußball-Vätern überschritten werden, muss ich Ihnen bestimmt nicht sagen.

Es geht aber noch schlimmer. Nämlich während der Spiele. Felix' Vater steht am Rand und ruft, wie schon die letzten elf Jahre, Anweisungen auf den Platz, die Felix ohnehin ausgeführt hätte. Wenigstens jubelt er auch ein wenig. Doch wehe Felix macht einen Fehler. »Das kann doch nicht wahr sein! Was hast du die letzten elf Jahre denn überhaupt gelernt? Ich kann es nicht fassen, dass mein Sohn einen so dämlichen Fehler macht!« Und dann in der zweiten Halbzeit passiert das Unfassbare. Felix foult seinen Gegner, aber wirklich richtig übel. Rote Karte. Sein Vater rastet aus und klettert über die Barriere, stürmt direkt auf den Schiedsrichter zu. Seiner Meinung nach kann sein Sohn nichts dafür, wenn der andere Junge zu blöd zum Fußballspielen ist. Der Schiedsrichter versucht, ihn zu beruhigen, ihm die Situation zu schildern und bittet ihn um Verständnis. Doch anstatt Verständnis bekommt er eine Faust ins Gesicht. Fremdschämen ist hier angebracht. Auch Felix schämt sich. Er sieht seinen Fehler ein und weiß nicht, wieso sein Vater das nicht auch kann.

Praxistipp

Fußball ist nur ein Spiel. Davon hängt nicht Ihr Leben ab und auch nicht das Ihres Sohnes. Sorgen Sie lieber dafür, dass Ihr Sohn einen guten Schulabschluss schafft, um einen guten Beruf erlernen zu können, und dass es etwas in seinem Leben gibt, was ihm Spaß macht. Mit einem Fußball-Vater macht Fußball bestimmt keinen Spaß, und auf die Schule kann man sich so wahrscheinlich auch nicht konzentrieren.

*

Wenn dir Fußballspielen keinen Spaß mehr macht, dann höre auf. Fange mit deinem Leben etwas Anständiges an. Jeder weiß, dass nur ganz wenige zu den großen Fußballern gehören werden. Und viele schmeißen ihr Geld zum Fenster raus und wissen nach ihrer kurzen Karriere nicht, was sie tun sollen. Selbst dein ehrgeiziger Vater kann dir nicht die Garantie geben, dass du mal ein Müller, Ronaldo oder Messi werden wirst und für dein Alter vorgesorgt ist. Und wenn du ein Messie wirst, dann kein Lionel Messi, sondern nur ein Sammler-Messie. Ruiniere dir nicht das Leben, nur weil dein Vater ein Träumer ist.

FUSSBALL-MÜTTER

Das Gegenstück zu den Fußball-Vätern sind die Fußball-Mütter. Wenn du beide hast, bist du besonders am Arsch. Die Mütter sind natürlich nicht so wie die Väter, dass sie ihr Kind trainieren und den Schiedsrichter verprügeln. Sie sind diejenigen, die dafür sorgen, dass sich das Nachwuchstalent, mit oder ohne Talent, vor, während und nach dem Spiel in Bestform fühlt.

Vor dem Spiel: »Du brauchst nicht aufgeregt zu sein. Du schaffst das. Das andere Team ist viel schlechter als deines. Ihr werdet gewinnen. Und selbst wenn nicht, hast du an Erfahrung gewonnen und Spaß gehabt.« Nein, Max ist nicht fünf Jahre alt und steht vor seinem ersten Spiel. Er ist 16 Jahre alt und quasi Profi. Währenddessen reicht sie ihm eine Wasserflasche und massiert ihn, um eventuelle Verspannungen zu lösen.

Während des Spiels: Max' Mutter steht am Rand des Spielfeldes und feuert ihn lautstark an. Dass sie die Einzige ist, die das so übertrieben macht, stört sie nicht. Max schon. Viel bekommt er davon zwar nicht mit, alle anderen außerhalb des Feldes dafür umso mehr, wie er nach dem Spiel von Freunden erfährt.

Nach dem Spiel: Sobald das Spiel zu Ende ist, läuft seine Mutter ihm mit Handtuch und Flasche entgegen. Wenn das Spiel ein Erfolg war, sieht das folgendermaßen aus. »Ich bin so stolz auf dich, mein Junge. Du hast so gut gespielt. Deine Mannschaft kann froh sein, einen Spieler wie dich zu haben. Ich bin mir sicher, dass du es noch weit bringen wirst. Ich freue mich so für dich, Liebling.« Sie drückt ihren schweißgebadeten Sohn so fest, dass sie ihn beinahe zerquetscht. Wenn Max' Mannschaft das Spiel verloren hat, läuft es wie folgt ab. Wieder läuft sie ihm mit Handtuch und Flasche entgegen, diesmal aber einem Tränenausbruch nahe. »Du hast so gut gespielt. Ich verstehe gar nicht, wie das passieren konnte. An dir lag es auf keinen Fall. Das ist aber alles nicht so schlimm, ist ja nur ein Spiel. Du brauchst nicht traurig zu sein.« Während sie ihn auch dann fast zerquetscht, meint er, dass er nicht traurig, sondern einfach nur angepisst ist.

Praxistipp

Nur weil Sie stolze Mutter eines Fußball spielenden Kindes sind, heißt es nicht, dass Sie übertreiben dürfen. Auch Sie müssen sich an die Regeln für Eltern halten, und eine davon besagt nun mal, dass Eltern nicht peinlich sein dürfen. Das sind Sie aber.

*

Versuche, deine Mutter vom Fußballplatz fernzuhalten. Du solltest alt genug sein, um deine Mutter beim Spiel nicht an deiner Seite zu brauchen, und das solltest du ihr auch klarmachen. Drohe ihr notfalls, aufzuhören, weil du dich mit ihr vor den anderen schämst.

DIE SPORTLICHEN

Meine Devise: Sport ist Mord. Sportliche Eltern, um die es jetzt geht, werden jetzt bestimmt empört sein und mir widersprechen. Hier ein paar Fakten, die zeigen, dass Sport im wahrsten Sinne des Wortes Mord ist.

900 Menschen in Deutschland sterben jährlich durch einen plötzlichen Herztod beim Sport. Bei Sportlern ist das Risiko 2,5 mal höher als bei Nichtsportlern. Das Risiko ist bei Männern höher als bei Frauen.

Jeden zweiten Tag stirbt in der Schweiz jemand beim Sport.

Von 2012 bis 2017 starben im Skisport fünf Profis.

Ich bin nicht die Einzige, die so denkt. Vielleicht denkst du auch so. Womöglich, weil es hier um deine Eltern geht. Kurz zur Erklärung für alle anderen: Sportliche Eltern sind Eltern, die es mit Sport total übertreiben und meist sogar auch ihr Kind mit hineinziehen. Wenn diese Leute nicht zu Hause im Keller ihr eigenes kleines »Fitnessstudio« haben, dann verbringen sie jeden Tag zwei Stunden in einem richtigen. Morgens direkt nach dem Aufstehen gehen sie joggen, während ich dann noch so verschlafen bin, dass ich nicht einmal weiß, wo oben und unten ist. Zur Arbeit fahren sie, wenn möglich, mit dem Rennrad. Das sind auch die Idioten, die morgens im Dunkeln auf der Landstraße rumgurken. Ihre Ernährung besteht aus Smoothies, Proteinshakes und Gemüse. Im Urlaub sind sie morgens die Ersten im Pool, um ungestört ihre Bahnen ziehen zu können, oder es wird ein Wanderurlaub.

Als Kind bist du als Sporthasser beim Wanderurlaub definitiv fehl am Platz. Genauso wie im Fitnessstudio und allen anderen Orten, die mit Sport zu tun haben. Diese zu meiden wird mit sportlichen Eltern sehr schwer, da diese ihre Leidenschaft mit dir unbedingt teilen wollen.

Praxistipp

Auch wenn Sie Sport lieben, ist es möglich, dass Ihr Kind Sport hasst. Das ist dann nun mal so. Dafür mag es andere Sachen, und das ist auch gut so. Wenn Sie unbedingt mit jemandem Sport machen wollen, dann suchen Sie sich Freunde.

*

Du musst nichts tun, was du nicht tun möchtest. Sehen deine Eltern das anders, kann dir das eigentlich egal sein.

ELTERN VON KRANKEN KINDERN

Als Erstes muss gesagt werden, dass Eltern von kranken Kindern wirklich Respekt verdienen, dafür, wie sie das alles schaffen. Gemeint sind Eltern schwer kranker Kinder, nicht die, deren Kinder mit einer Erkältung im Bett liegen. Der folgende Text soll auf keinen Fall falsch verstanden werden, ich möchte Ihnen nur zeigen, wie Ihr Kind die ganze Sache sehen könnte.

Auf der Suche nach Berichten krebskranker Kinder über ihre Eltern fand ich den Text »Onko Onko«. Onko steht für Onkologie, die Fachrichtung für Krebs. Hier ein kleiner Auszug:

»… Oma, Opa, Onkel, Tante, Mama, Papa, viele Verwandte kommen, streicheln, lieben dich, dich nervt's langsam, gehen nicht …« Diese wenigen Wörter beschreiben gut, was kranke Kinder sich denken. Bei kleinen Kindern ist es bestimmt noch nicht so ausgeprägt, aber auch sie werden mal an den Punkt kommen, wo sie mal ihre Ruhe haben wollen und davon genervt sind, dass sich ständig jemand um sie kümmert und die Eltern Dinge verbieten, die jedes andere Kind auch darf. Bei Jugendlichen ist dieses Denken natürlich ausgeprägter. In einem Alter, wo man die meiste Zeit mit Freunden auf Partys verbringt und sich volllaufen lässt, ist man eben schnell genervt, wenn man das nicht tun kann und stattdessen in einer Klinik ans Bett gefesselt ist und weiß, dass man jeden Tag sterben könnte. Das bekommen dann die Eltern ab, weil die ständig bei einem im Krankenhaus sind, anstatt sich zu Hause mal zu erholen. Denn auch wenn man im Sterben liegt, bekommt man mit, dass auch etwas in den Eltern stirbt und es ihnen schlecht geht. Als Kranker findet man sich wahrscheinlich schneller damit ab, dass es bald zu Ende sein könnte. Gerade deswegen will man dann vielleicht auch noch etwas erleben. Nicht umsonst gibt es Vereine, die kranken Kindern einen letzten Wunsch erfüllen. Vielleicht kennen Sie das Buch *Das Schicksal ist ein mieser Verräter* von John Green, in dem die schwerkranke Hazel nach Amsterdam möchte, um einen Autor zu besuchen. Was spricht denn schon dagegen, wenn Ihr Kind eine gute Phase hat? Natürlich könnte alles Mögliche passieren. Das kann aber jedem passieren. Ich kann auch mit meinem Hund spazieren gehen, was ja nun wirklich nicht gefährlich ist, und dabei vom Blitz getroffen werden, einem Verrückten begegnen, der mich umbringt, oder in eine Schlägerei geraten. Ihr Kind denkt sich bestimmt, dass es die Gefahren gerne in Kauf nimmt, wenn es dafür etwas erleben kann, weil es vielleicht das letzte Mal ist, dass es etwas erleben wird, da es vielleicht sterben wird. Viele Dinge sind auch Kopfsache. Wenn es im Kopf nicht läuft, läuft es im Körper auch nicht. Wenn man aber Spaß hat und abgelenkt ist, läuft es im Kopf.

Praxistipp

Sie denken sich jetzt bestimmt, dass ich als 18-Jährige leicht zu reden habe, weil ich mich nicht auskenne und nicht betroffen bin. Ich weiß natürlich mit 18 Jahren wirklich nicht, wie es ist, ein schwer krankes Kind zu haben, das vielleicht sterben wird.

Aber ich weiß, wie es ist, wenn ein Elternteil todkrank ist und stirbt. Ich kann also nachvollziehen, wie Sie sich fühlen. Tun Sie Ihrem Kind einfach den Gefallen und behandeln Sie es halbwegs normal, so normal wie es eben geht. Machen Sie sich zusammen eine schöne Zeit und vor allem Ihrem Kind, denn wenn Sie später einmal zurückdenken, werden Sie sich daran erinnern, dass Ihr Kind glücklich war. Behandeln Sie es nicht, als wäre es krank, sondern so, als würde es gesund werden.

*

Wenn du auch von deinen Eltern genervt bist, lasse sie doch mal diesen Abschnitt lesen. Sei aber nicht zu streng mit deinen Eltern, schließlich meinen sie es nur gut mit dir und haben Angst um dich. Sage ihnen aber deutlich, was du mit deinem Leben anfangen willst.

GROSSELTERN

Großeltern sind die Eltern unserer Eltern, weshalb sie auch Eltern sind, die einen eigenen Abschnitt verdient haben. Viele von euch haben bestimmt tolle Großeltern, aber einige von euch werden auch nervige haben. Interessant wird es bestimmt auch für Sie als Eltern, wenn Sie lesen, wie Ihre Eltern Ihre Kinder nerven.

Es gibt nicht nur Großeltern, die einem Süßigkeiten und Geld zustecken, einem tolle Geschichten erzählen und zu ihrem Enkelkind halten. Es gibt auch welche, vor denen man sich fürchten muss, die einen ungerecht behandeln und einen einfach nur dafür hassen, dass man existiert. Wie bei den eigenen Eltern gibt es auch hier verschiedene Typen. Ich beschreibe am besten einfach einmal ein paar.

Die Kinderhasser: Sie hassen Kinder, weil sie klein und laut sind und Arbeit und Dreck machen. Doch dann wurde Oma schwan-

ger, und sie haben sich geeinigt, trotzdem das Kind zu bekommen. Sonst würde es Sie ja jetzt nicht geben. Oma musste ihre Karriere beenden, weshalb sie das Kind noch mehr hasste, und Opa konnte nachts kaum schlafen. Deshalb ließen seine Leistungen in der Arbeit nach und er verlor seinen Job. Auch sein Hass wuchs. Während der gesamten Kindheit und auch darüber hinaus bis heute spürt das Kind diesen Hass. Ich hoffe, Sie sind nicht dieses Kind. Dieses Kind bekam dann selbst ein Kind, das Enkelkind. Und wieder fing alles von vorne an, denn wenn man einen Babysitter braucht, fragt man die Großeltern. Auch das Enkelkind spürt nun diesen Hass.

Die Horror-Großeltern: Ist der Film *The Visit* bekannt? Anschauen, dann weiß man, um welche Großeltern es hier geht. Sie sind einfach gruselig und machen einem Angst. Hexen-Omis und böse, alte Männer. Das sind die, die plötzlich hinter einem stehen, die viel Zeit im gruseligen Keller verbringen und bei denen man nachts merkwürdige Geräusche hört.

Die Ungerechten: Jeder hat einen Lieblingsmenschen, denn man kann nicht alle gleich gernhaben. Auch Großeltern haben ihr Lieblingsenkelkind und manche zeigen das auch ganz offen. Das eine Enkelkind bekommt bei einem Besuch 20 € und das andere 5 €. Das eine Enkelkind wird jährlich mit in den Luxusurlaub genommen, während das andere alle paar Jahre mal mit zum Campen darf. Das eine Enkelkind bekommt zum 18. Geburtstag einen Erlebnisgutschein im Wert von 300€ und das andere einen Geschenkkorb.

Die Meckertanten: Egal, was man macht, es ist ihnen nicht recht. Felix ist 23 Jahre alt und studiert Jura. Klingt toll, und seine Familie kann stolz sein. Sein Opa ist es allerdings nicht. »Mein Vater war damals mit 16 Jahren im Krieg und hat in deinem Alter dieses Land wiederaufgebaut. Und ich hab in deinem Alter schon acht Jahre gearbeitet, war verheiratet und Vater.« Zehn Jahre später ist Felix ein sehr erfolgreicher und gefragter Anwalt, der dementsprechend viel verdient. »Du müsstest viel mehr Steuern und mehr Beiträge zur Rentenversicherung zahlen. Wegen Leuten wie dir bekommen wir so wenig Rente.«

Die Diätassistenten: Die Diätassistenten sind keine Diätassistenten, sondern Omas, die ihre Enkelkinder mit Essen vollstopfen. Ist nett gemeint, aber einigen Enkelkindern tut das nicht gut, weil sie noch den Speck haben, der sich durch die fünf Pfannkuchen als Nachspeise vor 13 Jahren angesetzt hat. Ein Nein zu Essen wird nicht akzeptiert, und sobald der Teller leer ist, wird er wieder mit einer riesigen Portion beladen. Egal, was für eine Figur das Enkelkind hat, der Spruch »Iss, mein Kind, du bist viel zu dünn« wird immer kommen.

Praxistipp

Wie schon mehrmals erwähnt, sind Sie dafür verantwortlich, dass es Ihrem Kind gut geht. Mit solchen Großeltern geht es einem aber nicht gut. Auch wenn Sie Ihren Eltern genauso wenig zu sagen haben wie Ihre Kinder Ihnen, sollten Sie es in diesem Fall zum Wohle Ihres Kindes tun. Was kann Ihnen denn schon passieren? Hausarrest? Geht nicht. Außer Sie wohnen in einem Mehrgenerationenhaus. Dann können Sie aber immer noch mit Ihrer Volljährigkeit argumentieren.

*

Gegen deine Großeltern kannst du nichts tun, denn wenn du schon deinen Eltern nichts zu sagen hast, hast du deren Eltern erst recht nichts zu sagen. Es sind alte Leute, die es anscheinend in ihren letzten Jahren genießen, dich zu ärgern. Sei froh, dass du wenigstens den Kontakt zu ihnen beeinflussen kannst, im Gegensatz zu dem zu den eigenen Eltern.

*

Vielleicht lesen auch Großeltern dieses Buch, deswegen habe ich auch für sie einen Tipp. Auch Sie können den Kontakt zu Ihrem Enkelkind beeinflussen und wenn Sie zu den nervigen Großeltern gehören, sollten Sie das auch tun, indem Sie den Kontakt reduzieren.

DER WITZBOLD

Jeder kennt diese Typen, die bei jeder Gelegenheit einen Witz reißen und Scherze auf Kosten anderer machen. Obwohl nie jemand lacht und wenn, dann nur aus Höflichkeit, merken sie nicht, dass sie nicht lustig sind. Bestimmt hast du auch so eine Person in deinem Bekanntenkreis. Vielleicht ist diese Person auch deine Mutter oder dein Vater. Nehmen wir mal an, diese Person ist dein Vater, da Männer meistens denken, dass sie es voll draufhaben. Hier eine kleine Sammlung von Situationen, die zeigen, dass es nicht so ist.

Du gehst mit deiner Familie essen. Dein Vater bestellt ein Steak. Dies läuft wie folgt ab. Der Kellner des schicken Restaurants kommt zu deinem Tisch und fragt, ob deine Familie schon etwas bestellen möchte. »Ein Steak bitte. Wissen Sie eigentlich, was ein Steak unter dem Sofa macht?«, fragt dein Vater. Der Kellner weiß es natürlich nicht. »Es versteakt sich«, löst dein Vater lachend auf. Aus Höflichkeit lacht der Kellner mit und verschwindet dann schnell. Nach einer Ewigkeit kommt endlich das Steak. »Wieso hat das denn so lange gedauert? Hat sich das Steak etwa versteakt?« Du schämst dich für deinen Vater so sehr, dass du am liebsten gehen würdest.

Du hast dein Praktikum in einem Behindertenheim absolviert. Am letzten Tag wirst du von deinem Vater abgeholt. Zufällig kommt er in dem Moment, in dem du dich von der Heimleiterin verabschiedest. Begeistert erzählt diese deinem Vater, wie toll du mit behinderten Menschen umgehst und dass sich nur noch selten junge Leute für den Beruf eines Pflegers interessieren, du davon aber begeistert zu sein scheinst. Dir gefällt dieser Beruf wirklich sehr gut und du hast mit der Heimleiterin auch schon darüber gesprochen, dass du dich gerne für einen Ausbildungsplatz bewerben würdest. Doch deine guten Chancen werden dir von deinem Vater zerstört, als er sagt: »Was ist pink und behindert?« Stille. »Ein Flamongo!« Der Heimleiterin steht die Empörung ins Gesicht geschrieben.

Auf dem Rückweg von einem langen Tagesausflug mit deiner Familie wird bei einer Fast-Food-Kette eine Pause eingelegt. »Einmal große Pommes«, sagt dein Vater. Du bist optimistisch, dass es diesmal eine normale Bestellung werden könnte. »Haben Sie schon mal nackte Pommes durch den Wald rennen sehen?«, fragt er dann allerdings. In diesem Moment wirst du zum Pessimisten. Der Angestellte schüttelt nur den Kopf. »Da sehen Sie mal, wie schnell die sind.« – »Möchten Sie Majo oder Ketchup zu Ihren Pommes?« Der arme Kerl möchte einfach nur seine Arbeit machen. »Majo, bitte. Wissen Sie, was weiß ist und fliegt?« – »Nein.« – »Die Biene Majo.«

Du reist mit deiner Familie mit dem ICE. Bei einem Zwischenstopp kommt es bei der Weiterfahrt zu Verspätungen. Alle sind genervt und es kursiert das Gerücht, dass sich jemand vor einen Zug geworfen hat. Dein Vater meint, die Situation mit einem Witz auflockern zu können. »Was ist die härteste Droge von allen?« – »Welche denn?«, fragt eine junge Frau. Sie ist schwarz gekleidet, hat Augenringe, ist gepierct und tätowiert. Es überrascht dich nicht, dass diese Frage von ihr kam. »Das Bahngleis. Ein Zug und du bist tot.«

Selbst während des Italienurlaubes hast du keine Ruhe. Du liegst gerade entspannt am Strand und sonnst dich, als eine Blondine an deiner Familie vorbeiläuft. Sie ist hübsch, hat eine richtig gute Figur, große Brüste und trägt einen knappen Bikini. »Was heißt Prostituierte auf Italienisch?«, fragt dein Vater dich. Du siehst ihn fragend an. »Nuttella.«

Ein Bauer und seine Frau aus deinem Dorf verkaufen frische Milch. An einem Sonntag geht deiner Mutter beim Backen die Milch aus, weshalb du und dein Vater Milch bei besagtem Bauern kaufen sollt. Dort angekommen, trefft ihr auf die Bäuerin. Während dein Vater bezahlt, erzählt er einen Witz (ich muss zugeben, den finde ich tatsächlich lustig). »Geht ein Mann in den Supermarkt und fragt die Verkäuferin: ›Haben Sie Milch?‹ Diese antwortet: ›Ich habe Fettarme.‹ Daraufhin der Mann: ›Ja, das sehe ich, aber ich hätte gerne Milch.‹« Die gut gebaute Bäuerin fühlt sich beleidigt. Ihr bekommt zwar die Milch, aber das Wechselgeld behält sie, als Ausgleich für diese Frechheit. Dein Vater hat mit einem 50-€-Schein gezahlt.

Schämst du dich auch für diesen fiktiven Vater?

Praxistipp

Gehe mit solchen Eltern niemals in die Öffentlichkeit und vermeide, dass sie Gelegenheit bekommen, mit anderen zu reden. Sollte das nicht möglich sein, halte Abstand und tue so, als würdest du diese Leute nicht kennen.

DIE BESTE FREUNDIN

Es gibt viele Eltern, die meinen, nicht nur Mutter oder Vater zu sein, sondern auch die beste Freundin oder der beste Freund des Kindes. Meist ist das bei Müttern und Töchtern so. Manchmal denkt nicht nur die Mutter so, sondern auch die Tochter. Wenn beide in der anderen die beste Freundin sehen und offen und ungezwungen über alle Probleme reden können, ist das ja in Ordnung. Aber wenn nur die Mutter das so sieht, kann es schnell nerven.

Diese Mütter gehören meist zu den Junggebliebenen. Dementsprechend kleiden sie sich auch. Mit den Klamotten der Tochter. Auch deren Schminke wird benutzt. Beste Freundinnen machen das schließlich so. Sie erzählen sich auch alles. Und genau das ist der Punkt, wieso eine Mutter-Tochter-Freundschaft nicht funktionieren kann. Es gibt Dinge im Leben eines Jugendlichen, die die

Eltern nichts angehen und die man ihnen einfach nicht erzählen kann. Würdest du deinen Eltern erzählen, wenn du mit 15 trotz Verbot der Eltern auf einer Party warst, viel zu viel getrunken hast und deswegen mit einem 20-Jährigen dein erstes Mal in seinem Auto gehabt hast, woran du dich kaum noch erinnerst? Und was würden Sie als Beste-Freundin-Mutter dann tun? Ihr Kind hat etwas Verbotenes getan, wofür es eigentlich eine Strafe geben würde. Aber bestrafen sich beste Freundinnen? Nein. Auch der Alkoholkonsum müsste bestraft werden. Als beste Freundin nicht möglich. Und eine Mutter wäre auch nicht von der Sache mit dem 20-Jährigen begeistert. Eine beste Freundin vielleicht auch nicht unbedingt, aber sie würde alles wissen wollen. Würdest du deiner Mutter alles erzählen? Und würdest du wollen, dass deine Mutter dir alles erzählt? Würden Sie Ihrem Kind alles erzählen wollen?

Noch mal zurück zu den Klamotten. Vielleicht würden Mütter nicht unbedingt die Sachen ihrer Töchter anziehen, aber sie würden sich etwas Ähnliches kaufen. Würdest du mit deiner Mutter im Partnerlook durch die Gegend laufen wollen? Würdest du Sätze wie »Ihr seht euch aber ähnlich. Man könnte meinen, dass ihr Schwestern seid!« hören wollen? Für Mütter ist es natürlich ein Kompliment, wenn man ihnen sagt, dass sie mit 45 Jahren aussehen wie 18 Jahre. Doch als Tochter ist es umgekehrt bestimmt nicht so schön.

Außerdem können selbst die engsten und längsten Freundschaften schneller beendet sein, als man denkt. Wie ist das bei Mutter-Tochter-Freundschaften? Man wird schließlich immer Mutter und Tochter sein. Hat man nach der Freundschaft immer noch ein gutes Verhältnis? Oder kommt es vielleicht darauf an, wieso die Freundschaft auseinandergegangen ist? Die beste Freundin kennt natürlich den Freundeskreis oder hat denselben. Da kommt es auch schon mal vor, dass sie sich in einen Kumpel verliebt. Wie wäre das Verhältnis nach der Freundschaft, wenn der Grund, weshalb es keine Freundschaft mehr gibt, wäre, dass die Mutter sich in einen Kumpel verliebt hat, der ihr Sohn sein könnte?

Es ist schön, wenn man ein enges und gutes Mutter-Tochter-Verhältnis hat. Eine Freundschaft ist auf Dauer aber bestimmt nicht möglich.

Praxistipp

Sollte deiner Mutter nicht bewusst sein, dass eine Freundschaft nicht möglich ist oder dass du keine willst, schenke ihr doch dieses Buch mit Hinweis auf diesen Abschnitt. Sie wird dich dann bestimmt verstehen.

Sollte bereits eine Mutter-Tochter-Freundschaft bestehen, sollte darüber nachgedacht werden, ob das wirklich so gut ist.

ELTERN VON FREUNDEN

Die Situation, wenn Freunde zu Besuch sind und man dann von den eigenen Eltern genervt ist, hatten wir ja schon mal. Manchmal ist aber nicht nur man selbst genervt, sondern auch die Freunde. Schauen wir uns das mal aus Sicht der Freunde an.

Manche Eltern meinen es, was Essen angeht, besonders gut mit ihren Gästen. Dementsprechend sehen dann auch die Portionen aus. Ich habe bei einer Freundin Portionen bekommen, von denen locker zwei Leute satt geworden wären, obwohl bekannt ist, dass ich wenig esse. Irgendwann ist man dann auch mal satt, und irgendwann passt wirklich nichts mehr rein und dann muss man aufhören zu essen, auch wenn man nicht aufgegessen hat. Man will nicht unhöflich sein, aber man kann halt einfach nicht mehr essen. Und dafür muss man sich dann auch noch rechtfertigen und zehntausend Mal wiederholen, dass man einfach nur satt ist und das Essen nicht nicht geschmeckt hat.

Anfangs ist es ja ganz süß und nett, wenn man gefragt wird, ob man etwas essen oder trinken will und ob alles passt oder man irgendetwas braucht. Doch wenn man jahrelang bei diesem Freund ein und aus geht, als wäre es das zweite Zuhause, dann kann das auch mal nerven. Mittlerweile kennt man sich doch so gut, dass man dem Gast zutrauen kann, dass er sagt, wenn er etwas braucht. Oder man weiß ganz genau, wo die Sachen sind, und nimmt sie sich dann einfach selbst.

Auch nett ist es, wenn sich die Eltern für das Leben der Freunde ihrer Kinder interessieren. Wenn sie einen dann aber über alles Mögliche ausquetschen, reicht es irgendwann. Dass sie fragen, wie es in der Schule / Arbeit läuft und was man zurzeit so macht und wie es der Familie geht, ist ja kein Problem. Das Liebesleben in Details ist dann aber doch zu viel. Eltern stellen ganz oft in unpassenden Momenten solche Fragen, z.B. wenn man sich eigentlich fertig machen müsste, um den Bus zu erwischen, oder wenn man etwas vorhat und bald losmuss.

Praxistipp

Standardfragen mit ein wenig Tiefgründigkeit sind okay, wenn dafür Zeit ist. Wenn nicht, sollte man es einfach lassen. Generell ist es eher unnötig, das sind schließlich nicht Ihre Freunde. Und Ihr Kind wird wahrscheinlich in der Lage sein, selbst dafür zu sorgen, dass dem Gast alles recht ist. Die Sache mit dem Essen sollten Sie nicht persönlich nehmen und stattdessen kleinere Portionen auftischen. Überlassen Sie die Freunde Ihrer Kinder am besten Ihren Kindern.

*

Versuche, deine Eltern von deinen Freunden fernzuhalten, und schreite ein, wenn du merkst, dass sie kurz davor sind, Grenzen zu überschreiten.

Als Freund kannst du gegen solche Eltern nichts machen. Da kannst du nur auf deine Freunde zählen.

2. KAPITEL

PROBLEME DES ZUSAMMENLEBENS

WIE MAN BEI NERVIGEN FRAGEN
GEDULDIG BLEIBT

Dass Eltern nervig sind, ist bekannt. Doch mit manchen nervigen Fragen bringen sie einen wirklich auf die Palme. Dass sie diese Fragen immer dann stellen, wenn einem die Antwort auf der Stirn geschrieben steht, kennst du bestimmt auch. Ich gehe nun mal davon aus, dass du mit folgenden Situationen vertraut bist. Wenn nicht, glaube ich dir das nicht.

Aus diversen Gründen bist du erst sehr spät eingeschlafen, obwohl du für den bevorstehenden Test fit sein wolltest. Aufgrund der schlechten Bus- und Bahnverbindung in deinem Kaff stehst du bereits um 5 Uhr auf. Nach fünf Stunden unruhigen Schlafs wälzt du dich mühselig aus deinem Bett. Die erste Frage, die dir deine Mutter stellt, ist: »Na, hast du ausgeschlafen?« Entgeistert siehst du sie an. Samstags um 16 Uhr wäre diese Frage ja noch in Ordnung, aber nicht Montagmorgen um 5 Uhr. »Ja, natürlich. Nach fünf Stunden Schlaf bin ich fit wie ein Turnschuh, voller Kraft und Lebensenergie und bereit, unvorbereitet den Test zu schreiben, da es ja so schön ist, vor der Sonne wach zu sein«, denkst du dir. Dein genervter Gesichtsausdruck sollte eigentlich Antwort genug sein. Wegen deiner Müdigkeit … Ach, nee. Du warst ja so ausgeschlafen und topfit. Spaß beiseite, denn dieses Thema erfordert den puren Ernst. Wegen deiner Müdigkeit brauchst du an diesem Morgen ein bisschen länger.

Normalerweise musst du um 05:45 Uhr los, um mit dem Bus um 05:53 Uhr rechtzeitig am Bahnhof zu sein, wo um 06:15 Uhr dein Zug fährt. Eine spätere Verbindung kommt für dich nicht infrage, da du um 07:20 Uhr mit dem Bus fahren musst, der um 07:43 Uhr das Ziel erreicht, und du noch einen zehnminütigen Fußweg vor dir hast und nur so pünktlich zum Unterricht um 8 Uhr erscheinen kannst.

Als du jedoch an diesem Morgen auf die Uhr siehst, ist es bereits 05:50 Uhr. Für den sechsminütigen Fußweg hast du nun noch

drei Minuten Zeit. Während du in Rekordzeit Schuhe und Jacke anziehst, fragt deine Mutter: »Musst du schon los?« – »Nein, ich könnte auch erst gehen, wenn der Bus bereits über alle Berge ist. Das macht mir nämlich besonders Spaß«, denkst du dir und haust ab. Zu deinem Glück regnet es und du hast den Regenschirm vergessen. Zeit, ihn noch zu holen, hast du nicht, denn es ist bereits 05:51 Uhr. Innerhalb von zwei Minuten legst du den Weg zurück, springst in dem Moment, in dem der Busfahrer die Tür schließt, durch den schmalen Spalt und fühlst sich dabei wie Usain Bolt.

Kleine Info am Rande: Den Test hast du verkackt.

Als du dann nach Hause kommst, ist die erste Frage, die du hörst: »Wie war's in der Schule?« – »Gut«, antwortest du deinem Vater, denkst dir aber: »Ich könnte kotzen, wenn ich an die Schule und diesen Test denke. Nicht umsonst hätte ich diese beschissene Schule heute am liebsten abgefackelt.« Auf die Frage »Was habt ihr denn Schönes gemacht?«, antwortest du erst gar nicht. Die Explosionsgefahr ist mittlerweile zu groß. Um ein wenig runterzukommen, verschwindest du in deinem Zimmer, legst dich aufs Bett und holst dein Smartphone aus der Hosentasche. Ohne zu klopfen, betritt deine Mutter etwas später dein Zimmer. »Du machst da aber keinen Schmarrn, oder? Du weißt ja, dass du dir einen Virus einfangen kannst«, sagt deine Mutter, die sich überhaupt nicht mit moderner Technik auskennt. Was denkt sie eigentlich, was du mit deinem Smartphone machst? Pornos anschauen, Hackerangriffe, Nacktbilder?

Es gibt noch viel mehr solcher Fragen, doch alleine, wenn man darüber schreibt, bekommt man schon Aggressionen, weshalb ich diese mal besser überspringe.

Praxistipp

Um ehrlich zu sein, habe ich keinen Tipp für dich. Ich bezweifle, dass hier ein Anti-Stress-Ball oder etwas anderes hilft. Ich selbst habe die Erfahrung gemacht, dass es nicht einmal hilft, wenn man seine Eltern direkt darauf anspricht. Auch als ich meinen Eltern erzählt habe, dass ich diesen Fragen einen eigenen Abschnitt widme, haben sie nicht damit aufgehört.

*

Liebe Eltern, bitte vermeiden Sie einfach oben genannte Fragen!

WIE MAN DEN GEMEINSAMEN URLAUB ÜBERLEBT

Kommen wir noch einmal auf das Thema Urlaub zurück und wie man den gemeinsamen Urlaub mit seinen Eltern überlebt. Bestimmt warst du auch schon mal in der Situation, dass deine Eltern sich im Urlaub total peinlich verhalten haben und du am liebsten das Hotel gewechselt hättest oder gleich nach Hause geflogen wärst. So einfach ist das leider nicht. Diese Erfahrung musste ich selbst auch schon machen. Um zu zeigen, wie schrecklich ein Urlaub sein kann, erzähle ich von Leons letztem Urlaub, als sein Vater noch der gute alte Dieter war und nicht Big D.

Nach dem langen Flug und dem Kofferauspacken begrüßt Dieter das thailändische Personal an der Strandbar mit einem schlechten Witz, den das Personal bestimmt nicht verstanden hat. Weil Dieter aber lacht, lachen sie auch. Ohne Sonnenschutz legt er sich dann mit seiner schneeweißen Haut in die Sonne. Eine halbe Stunde später kehrt er krebsrot zurück in den Schatten.

Damit Leon nicht auch noch einen Sonnenbrand bekommt, schmiert seine Mutter ihm eine zentimeterdicke Schicht Sonnencreme auf den Rücken, als er am Strand ein Nickerchen macht. Sagen tut sie ihm das natürlich nicht, weshalb er die nächsten Stunden mit einem weißen Rücken durch die Gegend läuft.

Abends kommt an der Bar dann richtig Stimmung auf. Leons Eltern lassen sich natürlich mitreißen, singen mit und wollen dann auch noch tanzen. Leon hat sie mehrmals aufgefordert, sich zu benehmen. »Hier kennt uns doch keiner«, meint seine Mutter. Bevor sie ihn noch mehr blamieren können, zieht Leon sich ins Hotelzimmer zurück.

Auch die nächsten Tage verlaufen so. Leon ist mittlerweile nur noch damit beschäftigt, seinen Eltern aus dem Weg zu gehen, damit keiner sieht, dass sie zu ihm gehören. Seine Eltern haben andere deutsche Urlauber kennengelernt, mit denen sie sich recht gut verstehen, obwohl sie etliche Jahre jünger sind. Sie haben eine 6-jährige Tochter, was Leons Mutter dazu veranlasst, zu erzählen, wie Leon in dem Alter war. Natürlich erzählt sie nur die peinlichen Geschichten. Da sie weiß, dass man sich mit Kindern im Urlaub nicht wirklich erholen kann, gibt sie Leon, der kleine Kinder hasst, die Aufgabe, auf das Mädchen aufzupassen. Damit ist der Urlaub endgültig gelaufen.

Praxistipp

Nur weil keiner Sie kennt, heißt es nicht, dass Sie sich auch so verhalten können. Ihrem Kind bringen Sie schließlich auch von klein auf bei, sich zu benehmen. Also tun Sie das selbst auch.

*

Es gibt nur zwei Möglichkeiten, wie man den Urlaub mit Eltern überlebt. Entweder bleibst du gleich zu Hause oder planst etwas anderes ohne deine Eltern oder erträgst sie und lässt alles über dich ergehen. Sollten deine Eltern dich nach dem Urlaub irgendwann auf dein Fehlverhalten in einer beliebigen Situation hinweisen, erinnere sie daran, wie sie sich im Urlaub benommen haben und dass du dieses Verhalten niemals übertreffen könntest. Es sei denn, du hast das Verhalten deiner Eltern übertroffen, dann ist es kein gutes Argument.

STRAFEN TAUGEN NICHTS

Dass Strafen nichts taugen, trifft nicht immer zu. Es gibt viele verschiedene Strafen und noch viel mehr verschiedene Charaktereigenschaften, die zu unterschiedlichem Verhalten führen. Deswegen ist es wichtig, dass man die Strafen den Kindern anpasst. Hier ein Beispiel aus zwei Familien.

In Tims Familie gibt es nur wenige Grenzen. Er ist zwar erst 15 Jahre alt, aber für seine Eltern ist es in Ordnung, dass er raucht und erst spät in der Nacht betrunken nach Hause kommt. Darauf, wie es in der Schule läuft, achten sie auch nicht wirklich. Im Haushalt muss er nicht mithelfen, da er meist eh bei seinen Freunden ist. Die einzigen Regeln, die es gibt, sind, dass er spätestens um drei Uhr morgens zu Hause sein und sein Zimmer einigermaßen sauber halten soll.

Letzten Dienstag kam Tim erst um fünf Uhr nach Hause. Hätte sein Vater nicht Frühschicht gehabt, hätte es vielleicht keiner gemerkt. Doch da sein Vater es merkte, bekam er Hausarrest und die Aufgabe, endlich mal sein Zimmer aufzuräumen. Da er erst so spät heimgekommen war, machte er blau und chillte zu Hause. Kurz bevor seine Eltern nach Hause kamen, traf er sich mit seinen Freunden. Sein Zimmer hat er natürlich nicht aufgeräumt.

Gegen Mitternacht kam er wieder nach Hause und kassierte erst mal Anschiss von seiner Mutter, weil er trotz Hausarrest draußen war und sein Zimmer nicht aufgeräumt hat. Mit der Ausrede, dass sein Zimmer für ihn sauber genug sei, er außerdem nicht im Haushalt helfen muss und seine Eltern eh nichts dran ändern könnten, da Hausarrest die härteste Strafe ist, die sie auf Lager haben, beendete er das Thema.

Sehen Sie den Sinn dieser Strafe? Nein? Ich auch nicht. Tim ist einer, der macht, was er will. Er weiß, dass er für Fehler nicht bestraft wird, und das nutzt er aus.

Lenas Leben besteht aus Regeln. Sie ist ein vorbildliches, braves 15-jähriges Mädchen und das schon immer. Das liegt nicht an den Regeln. Unter anderem gibt es Regeln bezüglich Pünktlichkeit, Schule und Haushalt. Um 22 Uhr ist sie spätestens zu Hause, so wie es gesetzlich vorgeschrieben ist. Schule ist wichtiger als alles andere und sie muss sich im Haushalt beteiligen. Die Strafen sind Hausarrest, Handyverbot, Internetverbot, Fernsehverbot, das Abendessen wird gestrichen und Lena weiß, dass ihren Eltern auch die Hand ausrutschen würde. Doch so weit ist es zum Glück noch nicht gekommen, denn für Lena ist es selbstverständlich, dass sie pünktlich zu Hause ist, dass sie generell pünktlich ist. Die Schule ist ihr selbst wichtig, denn sie will das Abi schaffen und Medizin studieren. Und auch, dass sie ihrer Mutter im Haushalt hilft, ist selbstverständlich, denn spätestens wenn sie auszieht, müsste Lena das alleine schaffen.

Sehen Sie hier den Sinn der Strafen? Alle Grenzen, die ihre Eltern ihr setzen, würde sie sowieso nie überschreiten. Und wenn es doch einmal passiert, dann wäre das halt so. Selbst dann wäre eine Strafe nicht unbedingt nötig, denn Lenas Eltern sollten wissen, dass das einmalig war.

Praxistipp

Sie selbst kennen Ihr Kind am besten und sollten daher wissen, welche Strafen in welcher Situation am sinnvollsten sind. Ihnen sollte aber auch klar sein, dass jede Strafe zu unnötigen Diskussionen führen kann und beide Parteien nervt. Natürlich sind sie notwendig, aber nicht immer sinnvoll.

*

Ich bitte alle Jugendlichen um Verzeihung. Ich hoffe, dass ihr mir verzeihen könnt, dass ich nun zur Verräterin werde, aber diesen Tipp muss ich den Eltern geben. Die größte Strafe ist es, wenn man vor seinen Freunden blamiert wird. Es gibt nichts Schlimmeres als peinliche Eltern.

WARUM ELTERN FÜR DIE NSA ARBEITEN KÖNNTEN

Jugendlichen ist vor allem ihre Privatsphäre wichtig. Doch leider legen Eltern oft nicht viel Wert darauf, diese zu berücksichtigen. Bestimmt kennst du es, wenn die Eltern auf einmal etwas wissen, was sie eigentlich gar nicht wissen können und erst recht nicht wissen sollen. Wie machen die das nur? Vielleicht ist dir auch die Situation bekannt, in der man die Antwort auf diese Frage findet. Und die findet man überhaupt nicht korrekt. Außer Sie sind Eltern, dann finden Sie das bestimmt in Ordnung. Sie fragen sich, wovon ich spreche? Ich spreche vom Hinterherspionieren, Telefonatebelauschen, Sachendurchsuchen und Smartphone-Checken. Selbst wenn Sie das Gefühl haben, dass Ihr Kind etwas vorhat, vielleicht sogar etwas Verbotenes, oder dass es Ihnen etwas Wichtiges verheimlicht, ist so etwas nicht okay.

Wenn Ihr Kind sich mit jemandem treffen will und Sie diese Person nicht kennen oder auch gar nicht wissen, mit wem es sich treffen will, dann ist das so. Kein Grund, Ihrem Kind heimlich zu folgen und die Datenbank der Polizei zu hacken, um herauszufinden, wer diese Person ist. Es sei denn, Sie haben eine 14-jährige Tochter, die sich sehr wahrscheinlich mit einem 30-jährigen Pädo trifft. Oder sie haben einen 30-jährigen Sohn, der sich mit einer 14-Jährigen treffen will.

Genauso schlimm ist es, wenn Sie die Telefonate Ihres Kindes belauschen. Egal, was Sie dann hören, es ist nicht für Ihre Ohren

bestimmt! Sonst würde Ihr Kind es Ihnen schon erzählen. Oder auch nicht. Wenn Ihre Tochter am Telefon ihrer besten Freundin erzählt, dass sie nicht mehr Jungfrau ist, und es Ihnen nicht erzählt, dann wird das seine Gründe haben. Früher oder später werden Sie es erfahren. Spätestens wenn Sie nach neun Monaten ein neues Familienmitglied haben. Und auch wenn Sie durch das Belauschen erfahren, dass Ihr Sohn am Wochenende mit mehreren Mädchen etwas hatte, ist es nicht Ihre Angelegenheit. Das alles geht Sie nichts an. Ihr Liebesleben und andere intime Sachen gehen Ihre Kinder doch genauso wenig etwas an.

Das Durchsuchen des Zimmers ist auch keine Lösung. Was wollen Sie da denn finden? Kondome, Pornohefte, Liebesbriefe, Drogen, blutige Rasierklingen? Was erhoffen Sie sich davon? Dass Ihr Kind Ihnen, nachdem es von Ihrer Aktion erfahren hat, freudestrahlend die ganze Story vom letzten Wochenende erzählt? »Ich hab da einen 23-jährigen Typen kennengelernt. Ich dachte, er wäre die Liebe meines Lebens, doch am Montag hab ich ihn dann knutschend mit meiner besten Freundin erwischt. Ich habe sogar seine Drogen bei mir versteckt, weil die Bullen hinter ihm her sind. Die bekommt er aber ganz bestimmt nicht zurück! Die werde ich für die nächste Party aufheben« (Jacqueline, 14 Jahre alt).

Heutzutage ersetzt das Smartphone nicht nur Terminkalender, Landkarte, Telefonbuch und so weiter, sondern auch das Tagebuch. Nicht direkt das klassische Tagebuch, aber man könnte es so bezeichnen. Es gibt aber auch Tagebuch-Apps. In diesem Gerät steckt quasi das ganze Leben aller Jugendlichen. Auch Bilder, Nachrichten und Sonstiges, das niemanden etwas angeht. Und schon gar nicht die Eltern! Wahrscheinlich werden die meisten ihr Smartphone mit einem Passwort, einer PIN, einem Muster, einem Fingerabdruck oder einer Gesichtserkennung gesichert haben, aber ich traue den NSA-Eltern zu, dass sie das Passwort bereits herausgefunden haben. Sollten Sie zu diesen Eltern zählen, sollte Ihnen klar sein, dass spätestens nach dem Entsperren des

Handys das Vertrauen und die Beziehung zu Ihrem Kind komplett zerstört sind und so schnell oder auch gar nicht wiederhergestellt werden können.

Praxistipp

Ich denke, es wurde gerade deutlich, dass NSA-Methoden falsch sind. Entweder erzählt Ihr Kind von sich aus, was in seinem Leben passiert, oder nicht. Seien Sie einfach aufmerksam und zeigen Sie Interesse, aber ohne dabei zu nerven, und dann wird es Ihnen schon etwas erzählen. Wenn Sie mal an Ihre eigene Jugend zurückdenken: Haben Sie Ihren Eltern alles erzählt? Das bezweifle ich.

*

Als Kind kann man sich am besten gegen solche Eltern schützen, indem man alles abschließt und verschlüsselt, was man abschließen und verschlüsseln kann, in der Hoffnung, dass die Eltern weder NSA-Mitarbeiter, FBI-Agenten, Sprengmeister, Profieinbrecher noch Safeknacker, Hacker oder Detektive sind.

WIE MAN PLÖTZLICHE ÜBERRASCHUNGSBESUCHE VERMEIDET

Dringen wir doch gleich mal weiter in die Privatsphäre ein. Wer, außer mir, hatte beziehungsweise hat ein Zimmer, das man nicht absperren kann? Dieses Thema möchte ich nur anhand von kurzen Beispielen verdeutlichen, da bei mir unangenehme Erinnerungen hochkommen. Dir wird es bestimmt auch so gehen, nachdem du feststellst, dass die Stichwörter »Überraschungsbesuch« und »Zimmer-nicht-absperren-können« darauf hinweisen, dass es in diesem Abschnitt darum geht, dass Eltern in den ungünstigsten Momenten einfach hereinplatzen.

Die 15-jährige Sarah ist seit ein paar Monaten mit ihrer großen Liebe Marc zusammen. Ihre Eltern haben erlaubt, dass er dieses Wochenende das erste Mal bei ihr schlafen darf. Ich denke, es ist klar, was das bedeutet und was geschehen wird. Und als es dann geschieht, platzt Sarahs Mutter herein. Sarah und Marc sind total überrascht, nackt und wissen nicht, was sie sagen oder machen sollen. Ihre Mutter, mindestens genauso überrascht, verlässt nach einem kurzen Schockmoment rückwärts das Zimmer.

Ben sitzt in seinem Zimmer vorm Laptop. Seine Mutter klopft. Wegen der Kopfhörer hat Ben das Klopfen nicht gehört. Sie öffnet die Tür. Auch das bekommt Ben nicht mit. Zutiefst schockiert klappt sie den Laptop zu, auf dessen Bildschirm nackte Frauen zu sehen sind. Ben erschrickt sich und wird so rot wie die Haare seiner Lieblingspornodarstellerin.

Tobias' Eltern sind bei der Arbeit, weshalb er und seine Kumpels bei ihm zu Hause chillen. Zuerst hören sie Musik und zocken; dann drehen sie einen Joint. Bis dahin sind schon einige Stunden vergangen und sein Vater, der übrigens Polizist ist, kommt nach Hause. Er hört, dass Freunde bei Tobias sind, und denkt sich zunächst nichts dabei. Bis er an Tobias' Zimmer vorbeigeht und einen Geruch wahrnimmt, den er natürlich kennt. Er reißt die Tür auf und wird von der kleinen Kiffergruppe überrascht angeschaut, vor allem von seinem Sohn, der den Joint gerade an Tim weiterreichen wollte.

Praxistipp

Ich bin mir sicher, dass jeder von euch schon mal in solch einer Situation war. Das kann aber ganz einfach vermieden werden, wenn die Eltern nicht ohne zu klopfen das Zimmer ihrer Kinder betreten und eine Antwort abwarten, wenn sie klopfen.

*

Als Kind sollte man alles, wobei man nicht erwischt werden will, nicht zu Hause machen und schon gar nicht, wenn die Eltern daheim sind. Ein Schild wie in Hotels, ob das Zimmer betreten werden darf oder nicht, könnte auch helfen; allerdings werden Eltern dadurch bestimmt neugierig, also auch keine Lösung.

WARUM KIRCHGÄNGE NERVEN

Als Jugendlicher macht man sich über alles mögliche Gedanken und stellt alles infrage. Warum bringen Menschen sich gegenseitig um? Warum tut niemand etwas dagegen? Warum unternimmt Gott nichts? Gibt es Gott? Warum habe ich Religionsunterricht, wenn ich nichts über Gottes Existenz lerne? Warum gehe ich zur Schule, wenn ich da eh nichts lerne? Wieso kann man die Schule nicht überspringen und gleich arbeiten? Warum sollte ich arbeiten, es gibt ja schließlich Hartz IV? Warum muss man als arbeitender Mensch den Hartzern ihr Leben finanzieren? Wieso übernimmt das nicht der Staat alleine? Warum hat Griechenland so viele Schulden? Wo soll ich nächstes Jahr Urlaub machen? Was muss ich alles mit in den Urlaub nehmen? Oder man macht sich über nichts Gedanken und nimmt alles so hin, wie es ist.

Kehren wir noch mal zurück zu Gott. Unterteilen wir doch mal die Menschen in drei Gruppen. Die, die nicht an Gott glauben. Die, die zwar an ihn glauben, aber mit ihrem Glauben nicht übertreiben. Die, für die Gott alles ist.

Ich bin zwar getauft, gehöre aber zur ersten Gruppe, weshalb ich alle, die nicht in die Kirche gehen wollen, gut verstehen kann. Das sind vor allem Jugendliche aus den ersten beiden Gruppen. Die dritte Gruppe ist generell wesentlich kleiner. Ich kenne niemanden, der regelmäßig in die Kirche geht und betet. Solche Leute gibt es aber auch. Blöd, wenn man als Jugendlicher zu einer der ersten beiden Gruppen gehört und die Eltern definitiv zur dritten und man dazu gezwungen wird, sich der dritten ebenfalls anzuschließen. Warum tun Sie das Ihrem Kind an?

Ich kann verstehen, wenn der Glaube an Gott einen stärkt und Hoffnung gibt, einem hilft und man mit manchen Dingen dadurch besser klarkommt. Es gibt aber auch Leute, die damit nichts anfangen können, die lieber an etwas anderes oder gar nichts glauben. Egal an was man glaubt, es ist in Ordnung und richtig, solange man es niemandem aufzwingt. Wenn Ihr Kind also nicht in die Kirche gehen möchte, dann ist das okay. Dann lassen Sie es. Jeder lebt seinen Glauben anders.

Auch wenn es Ihnen vielleicht schwerfällt, stellen Sie sich vor, Sie würden nicht an Gott glauben. Stellen Sie sich vor, Sie müssten dann vor dem Essen beten und jemandem, den es Ihrer Meinung nach nicht gibt, für das Essen danken, obwohl Sie ganz genau wissen, dass Sie das Essen haben, weil sie dafür den ganzen Tag gearbeitet haben. Stellen Sie sich vor, Sie sind verrückt danach, Geschenke auszupacken, und dürfen dies an Heiligabend erst nach dem Gottesdienst tun. Dieser dauert ewig, Sie langweilen sich zu Tode und müssen singen und beten. Sie sind anschließend so genervt, dass Sie keine Lust mehr haben, Geschenke auszupacken. Stellen Sie sich vor, ein geliebter Mensch stirbt, und man sagt Ihnen, dass er nun bei Gott im Himmel ist, dass es so sein sollte, dass Gott es so wollte, dass alles einen Grund hat, dass Gott jeden erlöst, wenn die Zeit gekommen ist. Doch warum nimmt Gott Ihnen diesen Menschen? Wenn er doch so gut und barmherzig ist, warum hat er dann Ihre Zeit mit diesem Menschen verkürzt? Warum hat er diesen Menschen nicht gesund werden lassen, als er im Sterben lag? Was gibt ihm das Recht zu entscheiden, wann jemand seinen letzten Atemzug macht? Was denkt dieser Gott, wer er ist, dass er über Leben und Tod entscheiden darf? Bald darauf ist Ostern und Sie werden von Ihren Eltern wieder gezwungen, in die Kirche zu gehen. Sie sind von Anfang an angepisst, weil Sie nun überhaupt keinen Grund mehr sehen, eine Kirche zu betreten. Doch Sie müssen.

Praxistipp

Man muss den Glauben der anderen akzeptieren, solange sie damit niemandem schaden. Oben geschilderte Situation schadet allerdings. Nicht unbedingt anderen, aber den Kindern, die das nicht wollen, und deswegen sollte man niemandem, vor allem nicht seinen geliebten Kindern, seinen Glauben aufzwingen.

Natürlich tut vielen der Glaube an Gott auch gut. Man hat etwas, woran man sich festhalten kann, etwas, was einem Hoffnung und Stärke gibt. Da ist jemand, der einem immer zuhört, der immer da ist, zu dem man mit jedem Problem kommen kann. Doch das muss freiwillig geschehen.

WIE MAN BLAMAGEN ÜBERLEBT, OHNE AUSWANDERN ZU MÜSSEN

Dies ist vermutlich einer der wichtigsten Abschnitte. Jeder war schon mal in einer Situation, in der man am liebsten das Land verlassen und eine neue Identität angenommen hätte, weil Eltern manchmal einfach nur peinlich und nervig sind. Du bist der Meinung, dass das bei dir nie der Fall war? Dann helfe ich dir mal auf die Sprünge. Wie haben sich deine Eltern verhalten, als du ihnen deinen ersten Freund / deine erste Freundin vorgestellt hast? Wie haben sich deine Eltern verhalten, als sie deine Freunde kennenlernten? Was haben deine Eltern im Urlaub getan? Soll ich weitermachen oder tun die Erinnerungen schon weh? Ich höre lieber auf, ich will dich ja nicht quälen. Beispiele spare ich mir an dieser Stelle, denn du kennst diese Blamagen.

Praxistipp

Gewöhne dich an die Blamagen. Deine Eltern werden damit nicht aufhören. Auswandern bringt auch nichts. Deine Eltern werden dich finden. Ich sag nur NSA-Methoden.

WIE MAN MIT SCHLEIMERN UMGEHT

Schleimer sind meistens Väter, die sehr viel arbeiten und keine Zeit für ihre Kinder haben, oder Väter, die ihre Kinder nach der Scheidung nur sehr selten sehen, was auch daran liegt, dass sie keine Zeit und kein Interesse haben. Natürlich können auch andere Leute Schleimer sein, auch Mütter, aber meist ist es wie soeben beschrieben, daher bleiben wir bei diesem Beispiel. Wenn diese Väter dann mal Zeit haben, müssen sie die verlorene Zeit wiedergutmachen. Sie kaufen teure Geschenke, ohne zu wissen, was dem Kind gefällt, und laden es zu besonderen Freizeitaktivitäten ein, z.B. einem Freizeitpark, obwohl das Kind Höhenangst hat. Bei kleinen Kindern funktioniert das vielleicht, aber nicht bei Jugendlichen. Und selbst wenn, dann nur, weil die Situation von ihnen ausgenutzt wird.

Nataschas Vater ist Anwalt und verbringt täglich 16 Stunden in seiner Kanzlei. Sechs von den restlichen acht Stunden schläft er, und in der übrigen Stunde erledigt er private Dinge. Wie Sie wahrscheinlich merken, bleibt da keine Zeit für seine Tochter. Mit 17 Jahren macht Natascha das schon fast nichts mehr aus, sie kennt es nicht anders. Als kleines Kind hätte sie aber einen Vater gebraucht. Bei Schulveranstaltungen war er nie da, er holte sie bei Regen nie von der

Schule ab, er ging nie mit ihr ins Freibad, bei Veranstaltungen und Wettkämpfen ihres Sportvereins war er nie da, und sie konnte nie mit ihm über ihre Probleme reden oder ihn nach väterlichem Rat fragen.

Früher brachte er ihr regelmäßig kleine Geschenke mit, was mit der Zeit immer seltener wurde. Erst als Natascha in die Pubertät kam und nicht mehr so leicht zufriedenzustellen war, wurden es wieder mehr. Zu dem Zeitpunkt hatte sie ihren Vater aber schon durchschaut und nahm die Geschenke nicht an. Geschenkte Klamotten zerriss sie, Schminke warf sie noch verpackt in den Müll. Erst als sie in das Alter kam, wo man auf Marken und Statussymbole achtet, nahm sie die Geschenke an. Eins muss man ihrem Vater lassen: Obwohl Natascha die Geschenke nicht annahm, wurden sie nicht billiger, sondern teurer.

Jetzt ist es ihr egal, dass er an wichtigen Tagen nicht dabei ist, dass er ihre große Liebe nach einem halben Jahr immer noch nicht kennengelernt hat und dass er rein gar nichts von ihrem Leben weiß. Sie interessieren nur Louis Vuitton, Mac, Christian Louboutin, Channel, MCM & Co.

Praxistipp

Erst mal an die Kinder, die solche Eltern haben: Eure Eltern lieben euch, auch wenn sie keine Zeit haben, das zu zeigen. Man kann sich die Zeit aber nehmen. Wenn eure Eltern das also nicht tun, dann nehmt die Geschenke einfach an, solange es gute Geschenke sind. Das neueste Smartphone wächst schließlich nicht gratis an Bäumen.

*

Schleimer-Eltern kann ich nur empfehlen, sich für das Kind Zeit zu nehmen. Da solche Eltern aber wahrscheinlich keine Zeit haben, dieses Buch zu lesen, ist das der einzige Tipp, den ich an dieser Stelle geben möchte.

WENN ELTERN NICHT AKZEPTIEREN KÖNNEN, DASS IHR KIND ETWAS WEISS, WAS SIE NICHT WISSEN

Wie die Überschrift schon verrät, geht es in diesem Abschnitt um Eltern, die nicht akzeptieren können, wenn ihr Kind etwas weiß, was sie selbst nicht wissen. Was ist daran denn so schlimm? Es ist doch toll, wenn das eigene Kind schlau ist. Außerdem lernt man selbst noch im hohen Alter dazu. Man kann nie alles wissen.

Als ich mit dem Führerschein begonnen habe, habe ich in der ersten Theoriestunde gelernt, dass es Kreisverkehre mit Rechts vor Links gibt. Mein Stiefvater hat es mir zuerst nicht geglaubt. Also habe ich in der nächsten Stunde noch mal nachgefragt, und es gibt sie wirklich.

Auch in der Schule lernt man manchmal etwas (es kommt sehr selten vor, dass man dort etwas lernt, aber ab und zu, vielleicht einmal im Jahr, kann das passieren) und erzählt das den Eltern. »So ein Quatsch. Wer hat dir das denn erzählt?«, kommt dann meistens. Wieso ist das Quatsch? Nur, weil man es selbst nicht wusste? Als Kind glaubt man seinen Eltern doch auch das, was sie einem beibringen und erzählen. Warum dann nicht mal umgekehrt. Wenn man sich nicht sicher ist, kann man sich doch mal gemeinsam schlaumachen, und hinterher weiß man, ob es wirklich stimmt oder nicht. Aber gleich von vornherein nicht glauben, was das Kind erzählt, ist nicht besonders aufbauend für das Kind.

Praxistipp

Fühlen Sie sich dumm, wenn Sie etwas Neues lernen? Wollen Sie nichts lernen? Seien Sie doch froh, dass Ihr Kind (dank Ihrer Gene) so schlau ist, dass selbst Sie von ihm etwas lernen können.

*

Freue dich, wenn du etwas weißt, was deine Eltern nicht wissen, und ignoriere blöde Bemerkungen. Wissen ist Macht! Wenn du dieses Buch gelesen hast und deine Eltern nicht, wirst du auch wieder mehr wissen als sie und kannst diese Macht nutzen.

WENN TRÄUME ZERSTÖRT WERDEN

Was wirklich überhaupt rein gar nicht geht, ist, wenn Eltern die Träume ihrer Kinder zerstören. Wieso macht man so etwas? Weil man es selbst aus der eigenen Kindheit nicht anders kennt? Dann mache ich es doch eigentlich gerade deswegen anders. Dazu fallen mir sehr viele Sachen ein. Manchmal sind es nur kleine Träume oder Wünsche, die bedeutungslos scheinen, aber für diejenigen, die diese Träume und Wünsche haben, bedeuten sie alles.

Normalerweise hätte jedes Kind gerne ein Haustier. Egal ob Hund, Hamster, Goldfisch oder Pony. Manche Tiere eignen sich nicht für jede Altersgruppe, z.B. Hamster. Ich hatte in der Grundschule auch einen, und wenn ich auf diese Zeit zurückblicke, tut er mir wirklich leid. Hamster sind nachtaktiv, und als kleines Kind will man ihn dann einfach wecken. Jetzt habe ich wieder einen Hamster und merke, dass er zum Beispiel überhaupt nicht bissig ist. Wieso denn auch, wenn er nicht beim Schlafen gestört wird. In einem Alter, wo man bis frühmorgens wach ist, ist ein Hamster doch ideal, weil man die ganze Nacht mit ihm verbringen kann. Wieso sollte man seinem Kind dann ein Haustier verbieten? Was ich auch ganz schlimm finde, ist, wenn Eltern ihren Kindern einen Hund verbieten. Wenn man selten zu Hause ist und keine Zeit für einen Hund hat oder von vornherein klar ist, dass das Kind sich nicht drum kümmern wird, ist es vollkommen verständlich, dann ist es gut so. Aber wenn man ein Kind hat, das sich wirklich um das Tier kümmert, ist das doch kein Problem. Hunde geben einem so viel. Ich bin selbst mit Hunden aufgewachsen, und das war das Beste, was mir passieren konnte. Es gab immer jemanden, der mit mir spielt, der mir zuhört, der einfach für mich da ist, der mich bei Liebeskummer tröstet, jemanden, der merkt, wenn es mir nicht gut geht, und mich dann zum Lachen bringt. Außerdem lernt man so, Verantwortung zu übernehmen. Verantwortung für ein anderes Lebewesen. Später muss man sich auch um seine Kinder kümmern können. Egal um welches Tier es sich handelt, eine Allergie ist keine Ausrede, denn es gibt auch für Allergiker geeignete Tiere.

Jeder hat Berufswünsche, und je älter man wird, desto mehr macht man sich darüber Gedanken, was man später machen will und kann. Eltern, die dann mit einem »Das kannst du doch eh nicht. Dafür bist du nicht gut genug.« oder einem »Du könntest etwas viel Besseres machen. Wieso begibst du dich denn auf dieses Niveau hinab? Mach doch lieber einen richtigen Job« versuchen, einem den Traumjob auszureden, kann man echt nicht gebrauchen. Mir ist auch klar, dass ich wahrscheinlich nicht so groß rauskommen werde wie J.K. Rowling, Cornelia Funke, Stephen King und all die anderen großen Autoren, aber trotzdem unterstützt mich meine Familie. Von meiner Ausbildung sind auch alle begeistert, trotzdem habe ich jetzt gemerkt, dass mir der Job auf Dauer nicht taugt. Es ist egal, was andere sagen. Nur, weil man in einer Arztfamilie geboren ist, heißt es nicht, dass man auch Arzt werden muss. Auch wenn die Eltern das von einem erwarten und einen dazu drängen. Nur, weil man in einer Musikerfamilie geboren ist, heißt es nicht, dass man auch Musiker werden muss. Wenn man einen sicheren Job haben will, ist das vollkommen okay, egal was die Eltern sagen. Selbst wenn sie enttäuscht sind, ist das egal, dann ist das eben so.

Sobald man verliebt ist und auf Wolke sieben schwebt, fangen viele Eltern an, einem die Beziehung mies zu reden. Wenn man dann auch noch in einem Alter ist, in dem man auch mal ans Ausziehen beziehungsweise daran denkt, mit seinem Partner zusammenzuziehen, wird das noch schlimmer. Man ist felsenfest davon überzeugt, die Liebe seines Lebens gefunden zu haben, und dann wird das zerstört mit Aussagen wie »Was machst du, wenn ihr euch trennt und er dich rausschmeißt? Dann stehst du auf der Straße. Ich hoffe, das ist dir klar. Lass dich lieber nicht drauf ein.« Selbst wenn es so kommen sollte, wer sagt denn, dass man derjenige ist, der rausgeschmissen wird, und nicht der, der den anderen rausschmeißt?

Praxistipp

Es gehört zum Erwachsenwerden dazu, dass man auch mal auf die Fresse fällt und eigene Entscheidungen trifft, die man hinterher eventuell bereut. Also lassen Sie Ihr Kind diese Erfahrungen machen. Wenn Sie von vornherein die Träume zerstören, wird es daraus nichts lernen, und zudem ersparen Sie sich den Streit und müssen sich später keine Vorwürfe anhören.

*

Höre nicht auf das, was deine Eltern sagen, lass dir deine Träume nicht ausreden. Gehe deinen eigenen Weg und mache eigene Erfahrungen, egal ob positiv oder negativ.

WARUM ES BESSER IST, WENN ELTERN NICHT PROMINENT SIND

Warum Eltern nicht prominent sein sollten, ist eigentlich offensichtlich. Klar, es ist nicht von Nachteil, wenn die Eltern Geld haben (oder auch doch? Siehe Abschnitt über reiche Familien) und man mit ihnen angeben kann. Allerdings steht man selbst wahrscheinlich auch in der Öffentlichkeit, alle warten für gute Schlagzeilen darauf, dass die Familie einen Fehler macht, nichts geschieht, ohne dass es nach wenigen Stunden jeder weiß, und man muss immer artig sein, damit es keine negativen Meldungen gibt.

Die Geissens kennt man bestimmt. Hier ein paar Informationen über Shania und Davina, die niemanden interessieren würden, wenn ihre Eltern nicht prominent wären. Shania tanzt mit 13 Jahren im Bikini an der Stange. Shania hat ihre erste Sedcard. Davina ist mit einem YouTube-Star zusammen. Bis 2016 glaubte Shania noch an den Weihnachtsmann. Shania und Davina bekommen kein Taschengeld. Davina kann nicht ohne Smartphone. Davina erhält wegen ihrer Beziehung Morddrohungen. Davina ist getrennt.

Schauen wir uns mal das Leben von Til Schweigers Kindern an. Luna möchte unbedingt Mutter werden. Sie möchte vier Kinder bekommen. Lilli und Luna zeigen Bein auf dem roten Teppich. Seine Töchter treten in seine Fußstapfen, sein Sohn nicht. Die Geburt eines Kindes dauerte sehr lange, weil sich die Nabelschnur um den Hals wickelte. Emma versucht sich als Co-Moderatorin. Emma zieht mit Mutter nach Amerika. Und wen würde das interessieren, wenn das in deinem oder meinem Leben passieren würde? Niemanden!

Ein sehr interessantes Leben führen auch die Kinder von Boris Becker. Anna wird Model. Elias ist nun volljährig. Noah und Elias machen Urlaub in Afrika. Anna kann sich auch eine Beziehung mit einer Frau vorstellen. Mega Geburtstagsparty für den siebenjährigen Amadeus. Elias ist Model und Mädchenschwarm. Amadeus geht jetzt zur Schule. Süßes Bruder-Paar Elias und Amadeus. Noah steht auf ältere Frauen.

Sie alle wären wahrscheinlich froh, wenn wir diese Details nicht wüssten. Da ihre Eltern aber Promis sind, haben sie Pech gehabt. Mich würde es nicht nur nerven, wenn jeder alles über meine Familie weiß und ich darauf achten muss, das gute Image nicht zu ruinieren, mich würde das auch total stressen.

Ich weiß, dass Dieter Bohlen viele Kinder hat und ab und zu von ihnen erzählt, aber ich denke, dass ich seine Kinder noch nie gesehen habe. Vielleicht irre ich mich auch, aber ich glaube, dass er das Familiäre privat hält. Und so gehört sich das auch. Sollten Sie also prominent sein: Machen Sie es ihm nach.

*

Solltest du das Kind eines Promis sein: Lasse dich nicht ins Rampenlicht zerren, wenn du das nicht möchtest.

WENN ELTERN UNGERECHT SIND

Eltern sind vor allem ungerecht, wenn man Geschwister hat. Das liegt vielleicht nicht immer daran, dass sie tatsächlich ungerecht sind, sondern auch daran, dass man sich mit anderen vergleicht. Ansichtssache. Damit meine ich, dass man eine Stunde früher daheim sein soll als seine Freunde oder dass die kleineren Geschwister genauso lange aufbleiben dürfen wie man selbst, obwohl man in deren Alter früher ins Bett musste. Hier die Ungerechtigkeiten, auf die Erstgeborene, Sandwichkinder und Nesthäkchen untereinander treffen.

Sandwichkinder sind die Kinder zwischen den Erstgeborenen und den Nesthäkchen. Der Psychologe Hartmut Kasten beschäftigt sich seit Jahren mit Geschwisterkonstellationen und weiß, dass es Sandwichkinder am schwersten haben. Das Max-Planck-Institut in Berlin erklärt dies mathematisch. Keine Sorge, man muss kein Mathe-Genie sein, um das zu verstehen. Wenn Eltern versuchen, ihre Aufmerksamkeit, ihre Zeit und das Geld gerecht aufzuteilen, wird das Erstgeborene immer einen Vorsprung haben, da es ja schon länger lebt und bis zur Geburt des Sandwichkindes nicht teilen

musste. Das Nesthäkchen holt diesen Vorsprung wieder auf, wenn die älteren Geschwister ausgezogen sind und es die Eltern für sich alleine hat. Das Sandwichkind wird immer mit mindestens einem anderen Kind teilen müssen. Außer es wohnt bei Mutti, bis es 30 Jahre alt ist und alle anderen schon längst ausgezogen sind. Der Psychologe meint, dass Sandwichkinder auch immer von beiden Seiten unter Druck stehen. Es wird immer im Schatten des Erstgeborenen stehen und nie so verwöhnt werden wie das Nesthäkchen, egal was es tut.

Als erstgeborenes Kind bekommt man die Erziehungsfehler der Eltern am meisten zu spüren, da diese schließlich noch keine Erfahrung hatten. Dafür hatten sie mehr Energie als bei den nachfolgenden Kindern, weshalb nicht so leicht nachgegeben wurde und Erziehungsmethoden durchgezogen wurden. Bei den anderen Kindern fehlt einem diese Energie manchmal, weshalb man dann schon mal ein Auge zudrückt. Als Erstgeborenes muss man auch immer Rücksicht auf die Geschwister nehmen, geduldig sein, warten, bis die Eltern für einen Zeit haben, und mit ansehen, wie die jüngeren Geschwister etwas tun, was man selbst nicht tun durfte. Als wäre das nicht schon genug, muss man sich auch noch um die Jüngeren kümmern.

Nesthäkchen bekommen die Eifersucht, den Neid und andere daraus entstehende Gefühle zu spüren, weil sie einfach mehr dürfen. Natürlich will man das nicht, also muss man um deren Anerkennung kämpfen. Hinzu kommt, dass das Nesthäkchen versucht, so gut wie die älteren Geschwister zu sein, da es ständig mit diesen verglichen wird. Natürlich kann es da nicht unbedingt mithalten, da es jünger ist, vor allem als Nachzügler. Das Bedürfnis, die Eltern zu beeindrucken, ist besonders groß, da diese bereits alles von den Großen gesehen haben. Obwohl sie vieles dürfen, was ihre Geschwister in diesem Alter noch nicht durften, bekommen sie trotzdem oft Sätze wie »Dafür bist du noch zu klein« zu hören. Ich selbst bin Nachzügler, hatte damit aber eigentlich nie Probleme. Natürlich kann ich mir manchmal von meinen Geschwistern anhören, wieso ich etwas darf, was sie nicht durften, und dass ich es ja so gut habe, weil ich die Jüngste bin und die Einzige, die noch zu Hause wohnt.

Praxistipp

Ich glaube, daran wird man nichts ändern können. Mindestens ein Kind wird sich ungerecht behandelt fühlen, selbst wenn es Einzelkind ist.

MÄRCHENSTUNDE

Wenn man kleinen Kindern vom Weihnachtsmann erzählt oder dass die Sonne morgen nicht scheint, wenn sie nicht aufessen, ist das vollkommen okay. Aber irgendwann ist man zu alt dafür. Achtung Spoileralarm! Vor allem, wenn man ganz genau weiß, dass es den Weihnachtsmann nicht gibt und dass das Wetter nicht vom Aufessen abhängt. Es gibt noch mehr Dinge, die Eltern uns erzählen und genauso schwachsinnig sind. Das Ganze nennt man übrigens Pinocchio Parenting.

»Du hast dein Essen schon wieder nicht aufgegessen. Jetzt muss ich den Rest wieder wegschmeißen. Woanders verhungern die Kinder.« Natürlich ist es so, dass woanders die Kinder verhungern, aber das hat nichts damit zu tun, ob wir in Deutschland unser Essen aufessen oder nicht. Selbst wenn ich aufesse, hungern die Kinder noch. Und wenn ich nicht aufesse, kann ich ihnen ja schlecht die Reste per Post schicken, damit sie nicht verhungern. Sein Kind so etwas glauben zu lassen ist total schwachsinnig. Was machen Sie denn, wenn Ihr Kind Ihnen glaubt und am Abend in den Nachrichten über den Hungertod afrikanischer Kinder berichtet wird und ihr Kind denkt, dass die seinetwegen gestorben sind? Irgendwann glaubt man so

etwas nicht mehr und dann nervt es einfach nur, weil man denkt, dass die Eltern einen für dumm verkaufen wollen.

Der Klapperstorch. Wenn man ein weiteres Kind erwartet und seinem kleinen Kind das schonend beibringen will, kann man ihm das meinetwegen mit dem Klapperstorch erklären. Stellen Sie sich aber mal vor, Sie sind 16 Jahre alt und ihre Mutter kommt Ihnen mit dem Klapperstorch. Ein einfaches »Ich bin schwanger« reicht vollkommen aus. Ich finde die Sache mit dem Klapperstorch eigentlich ganz süß, aber in einem Alter, in dem man eine Schwangerschaft auch mit Sex verbindet, muss das echt nicht sein. Keiner will wissen, ob beziehungsweise dass die Eltern Sex hatten.

Nach diesem Abschnitt werden Sie feststellen, dass folgende Aussage die absolut schwachsinnigste von allen ist. »Man darf nicht lügen.« Und was tun Eltern? Stichwort Weihnachtsmann, Osterhase & Co. Außerdem ist ein Leben ohne Lügen nicht möglich. Wenn Sie einen Menschen umbringen würden und die Polizei würde Sie fragen, ob Sie das waren, würden Sie doch auch nicht sagen, dass Sie es waren. Auch in harmloseren Situationen kann man nicht immer die Wahrheit sagen.

Etwas, was so ähnlich ist: »Lügen haben kurze Beine.« So kurze Beine kann man gar nicht haben. Und was ist mit Leuten, die ohne Beine geboren wurden? Haben die im Mutterleib etwa schon so viel gelogen? Was ist, wenn jemandem nach einem Unfall oder wegen einer Krankheit die Beine amputiert werden müssen? Ist das dann etwa Gottes Strafe für seine Lügen? Sind große Leute dann bessere Menschen, weil sie ja wohl weniger gelogen haben? So ganz haut das nicht hin, liebe Eltern, und das wissen Ihre Kinder auch irgendwann.

»Davon wirst du groß und stark.« Ich muss immer Rosenkohl essen und ich hasse nichts mehr als Rosenkohl. Von Rosenkohl wird man auch groß und stark. Ich bin der lebende Beweis. 1,59 m groß, und ich kann mit viel Mühe meinen momentan 15 kg schweren Hund hochheben.

»Eines Tages findest du auch einen Prinzen.« In Deutschland ist die Wahrscheinlichkeit, dass das passiert, minimal, in England ist sie ein wenig größer. Passieren wird's aber trotzdem niemals, egal in welchem Land. Disneyland ist eine Ausnahme.

Praxistipp

Es bringt wirklich nichts, wenn Sie Ihren Kindern das erzählen und erst recht nicht, wenn sie im Teenageralter oder noch älter sind. Kinder finden das auch nicht lustig.

*

Höre einfach nicht hin, wenn deine Eltern so etwas sagen oder drehe den Spieß um. »Du warst dieses Jahr aber nicht brav, Papa. Ich glaub nicht, dass der Weihnachtsmann dir dieses Jahr etwas bringt.«

WARUM MAN MANCHMAL AM LIEBSTEN AUF SEINE MEINUNGSFREIHEIT VERZICHTEN WÜRDE

Die Meinungsfreiheit ist natürlich etwas Wunderbares, was wir wirklich schätzen sollten. Es ist auch schön, wenn Kinder in der Familie Meinungsfreiheit haben und bei wichtigen Entscheidungen miteinbezogen werden. Die Betonung liegt auf »wichtig«. Es gibt nämlich auch Eltern, die ihr Kind bei jeder Kleinigkeit nach der Meinung fragen und die Bestätigung brauchen, dass die Entscheidung, die sie treffen, richtig und für das Kind in Ordnung ist. Hier ein paar Beispiele, bei denen die Meinung des Kindes eigentlich nicht so wichtig wäre oder sogar total egal.

»Ich gehe gleich zum Friseur und wollte meine Haare schokobraun färben lassen. Was sagst du dazu?«

»Soll ich morgen einen Auflauf kochen?« Es muss doch eh gegessen werden, was auf den Tisch kommt. Wozu dann die Frage?

»Soll ich morgen bei der Personalversammlung eine dunkelblaue oder eine hellgraue Krawatte tragen? Was meinst du?«

»Rotes oder blaues Auto?«

»Wir wollen uns ein neues Bett kaufen. Was sagst du dazu?«

Praxistipp

In Ihrem Alter sollten Sie eigentlich einschätzen können, bei welchen Entscheidungen Sie Ihr Kind miteinbeziehen sollten, und Sie sollten auch alt genug sein, selbst Entscheidungen zu treffen. Ihr Kind ist schließlich jünger und kann das scheinbar besser.

*

Gehen wir noch mal zurück zu dem Beispiel mit dem roten oder blauen Auto. Antworte doch einfach mal »pink«. Mache das auch bei allen anderen Fragen so. Meinetwegen kannst auch auf jede Frage mit »pink« antworten, auch wenn die Antwort überhaupt nicht passt. Irgendwann wird es deinen Eltern dann hoffentlich zu blöd, und sie hören auf.

WESHALB ÜBERNACHTUNGEN UNANGENEHM SIND

Übernachtungen sind nicht unangenehm, weil man vergessen hat, das Zimmer aufzuräumen, oder weil Eltern peinlich sind. Es geht darum, wenn der Freund / die Freundin bei einem übernachtet, und da kommt das Schlimmste erst am nächsten Tag, wenn man mit seinen Eltern wieder alleine ist. Egal, ob in dieser Nacht etwas passiert ist oder nicht, Eltern finden es lustig, einen damit zu ärgern. Gelingt übrigens super.

»Was habt ihr denn gestern nach dem Kino so gemacht? Du siehst fertig aus. Wart ihr so lange wach?«, fragt Svenjas Mutter. »Fertig aussehen? Früher hat man das anders genannt«, meint ihr Vater. Früher nannte man das (alle Minderjährigen überspringen den Rest dieses Satzes bitte) gefickt. »Wir haben gar nichts gemacht«, verteidigt sich Svenja. »Und was hab ich dann nachts gehört?«, fragt ihr Vater grinsend. »Es gab nichts, was du hättest hören können.« – »Und was habt ihr im Kino gemacht? Da ist es schließlich dunkel.« – »Wir haben nichts gemacht!« – »Ich glaube, ich gehe heute nicht in dein Zimmer. Nicht, dass ich auf etwas ausrutsche«, meint Svenjas Mutter.

Und so geht das dann tagelang. Das ist wirklich unangenehm und nervt. Man fragt sich als Kind dann auch, was die Eltern von einem denken.

Praxistipp

Auch wenn Sie als Eltern die Verantwortung für Ihr Kind tragen, müssen Sie nicht alles wissen. Und es ist überhaupt nicht lustig, wenn Sie so etwas wie oben beschrieben abziehen. Selbst wenn man wirklich nichts getan hat, fühlt man sich ertappt. Stellen Sie sich mal vor, Ihr Kind würde das mit Ihnen machen. Seien Sie froh, dass Ihr Kind das gar nicht wissen will. Glauben Sie mir, es ist manchmal auch besser, wenn Sie das nicht wissen.

*

Ich befürchte, man kann gegen dieses Verhalten nichts tun. Sollte ich eines Tages herausfinden, was man tun kann, werde ich es dir sofort berichten. Bleibe bis dahin stark!

DER FÜHRERSCHEIN UND
»HILFREICHE« TIPPS DER ELTERN

Wenn du circa in meinem Alter bist oder Sie Kinder in meinem Alter haben, ist der Führerschein bestimmt ein aktuelles Thema. Der Weg kann lang und steinig sein, genauso wie manche Straßen, aber nach zahlreichen Fahrstunden und dem meist langweiligen Theorieunterricht hat man es dann endlich geschafft. Freue dich aber nicht zu früh.

Wenn du deinen Eltern von deinen Fahrstunden und den Prüfungen erzählst, werden diese bestimmt immer einen Kommentar dazu abgeben. Hast du »Früher war alles besser«-Eltern, tust du mir besonders leid. Dazu später Genaueres. Wenn du begleitetes Fahren mit 17 machst, kannst du dir diese Kommentare weiterhin bis zur Volljährigkeit anhören und nicht mal etwas dagegen tun. Wärst du volljährig, könntest du deine Eltern rausschmeißen. Als 17-Jähriger geht das allerdings nicht. Mit Erreichen der Volljährigkeit hört das allerdings immer noch nicht auf, denn jeder Beifahrer, der seinen Führerschein länger hat als du, wird dir sagen, wie du am besten fahren sollst. »Du musst früher schalten.« – »Du musst schneller schalten.« – »Da war rechts vor links! Du hast gar nicht richtig geschaut! Was, wenn ein Auto von rechts gekommen wäre?« – »Fahr mal ein bisschen schneller!« – »Fahr nicht so schnell, da wird einem ja schlecht!«

Noch mal zurück zu den Kommentaren, während man den Führerschein macht. Bestimmt haben deine Eltern dir erzählt, wie das damals bei ihnen war. »Früher ist man eh immer schwarzgefahren, deswegen war die ganze Sache nach zehn Stunden und dem Theorieunterricht erledigt.« Lasse dich davon aber nicht unter Druck setzen, denn das schafft kein Mensch. Allein zwölf Sonderfahrten sind Pflicht. Deine Eltern werden dir bestimmt auch Tipps geben. Die solltest du schnell wieder vergessen, denn in der Prüfung musst du so fahren, wie dein Fahrlehrer dir das Fahren beigebracht

hat. In einem verkehrsberuhigten Bereich gilt Schrittgeschwindig-keit, also 4–7 km/h, auch wenn deine Eltern zu dir sagen, dass du auch 10 km/h schnell fahren kannst. Klar kannst du das. Du kannst da auch mit 100 km/h durchrasen, bringt dir aber nichts.

Praxistipp

Ihr Kind schafft den Führerschein auch ohne Ihre extrem wertvollen Tipps. Und wenn es den Führerschein hat, heißt es, dass es eigentlich auch Auto fahren können müsste. Auch dann brauchen Sie mit Ihren Tipps nicht zu übertreiben. Das bringt Ihr Kind nur durcheinander, und das ist beim Auto-fahren nicht die beste Voraussetzung.

*

Vergiss die Kommentare deiner Eltern sofort, während du den Führerschein machst. Danach kannst du sie dir anhören, aber du musst sie nicht umsetzen. Fahre so, wie es sich gehört und wie du dich sicher fühlst, lasse dich nicht unter Druck setzen und lasse dir nichts einreden, denn du kannst deine Fähigkei-ten am besten einschätzen, und wenn du auf der Landstraße nicht mit 90 km/h durch die Kurve fährst, sondern nur mit 80 km/h, weil du dir nicht mehr zutraust, dann ist das voll-kommen in Ordnung.

DER UNTERSCHIED DES »WIE SIEHST DU DENN AUS?« VON FREMDEN UND ELTERN

Eigentlich ist es doch klar, dass die Mode damals bei Ihnen anders war als heute bei Ihren Kindern. Und eigentlich ist es auch klar, dass nicht alle den gleichen Geschmack haben. Warum kritisieren manche Eltern dann das Styling ihrer Kinder? Damit sind nicht nur die Klamotten gemeint, sondern auch die Frisuren, das Make-up, Piercings, Tattoos, Schuhe, Taschen und Schmuck.

Bei Ihnen war vielleicht hochgeschlossen, dezent geschminkt und anständig in. Heute ist das (leider) nicht mehr so. Da erscheint die 13-jährige Michelle halt bauchfrei, in Low-Waist-Hotpants, bei denen man ihren halben Arsch sieht, Lidstrich und rotem Lippenstift um 8 Uhr zur Mathestunde. Und die Jungs trugen in Ihrer Jugend vielleicht eine normale Jeans und ein glattgebügeltes Hemd. Heutzutage kann es schon mal passieren, dass Marc, so wie seine Freundin, eine Skinny Jeans und ein T-Shirt mit tiefem V-Ausschnitt trägt. Manche tragen nur schwarze Sachen, manche nur pinke. Ist halt so. Ihren Eltern wird bestimmt auch nicht immer gefallen haben, was Sie damals trugen. War dann schon blöd, wenn man sich abwertende Bemerkungen von ihnen anhören musste, oder? So geht's Ihren Kindern auch, wenn Sie das mit ihnen machen.

Wenn Ihr Sohn lieber ein Mädchen wäre und in Kleidern rumläuft, ist das bestimmt merkwürdig für Sie, aber Ihr Sohn will das so, und dann ist es auch gut, dass er dazu steht und Kleider trägt. Und Ihre Tochter wäre vielleicht lieber ein Junge, trägt weite Klamotten, Caps und versucht ihre Brüste zu kaschieren. Dann akzeptieren Sie das einfach, anstatt etwas gegen Ihr eigenes Kind zu sagen, so wie es wahrscheinlich viele Fremde tun, weil die nicht in der Lage sind, Leute zu akzeptieren, die nicht der Norm entsprechen. Wenn Ihre Tochter halb nackt rumläuft, dann ist es in Ordnung, wenn Sie etwas sagen, weil Sie sie dadurch versuchen vor Männern zu schützen, die denken, dass nackte Haut eine Einladung sei. Aber wenn Ihr Kind sich jeden Tag als Einhorn verkleidet, ist das halt so. Na ja, dann sollten Sie mit Ihrem Kind mal einen Psychologen aufsuchen, aber abgesehen davon, ist es doch nicht schlimm. Und anstatt anderen Leuten recht zu geben, wenn diese etwas gegen den Style Ihres Kindes sagen, sollten Sie Ihr Kind vor solchen Leuten in Schutz nehmen.

Genauso ist es mit Tattoos. Das ist der Körper Ihres Kindes, und Ihr Kind ist alt genug, um zu entscheiden, was es damit macht. Selbst wenn es sich die Augäpfel tätowieren lässt, können Sie nichts dagegen tun. Und wenn es sich piercen lässt, ist es auch seine Sache, ob es zehn Löcher mehr im Körper haben will oder nicht.

Praxistipp

Oben steht schon alles, was ich Ihnen dazu zu sagen habe. Akzeptieren Sie es einfach und stehen Sie hinter Ihrem Kind. Den Spruch »Wie siehst du denn aus?« können Sie sich schenken.

*

Mache aus dir das, was dir gefällt, egal was deine Eltern davon halten, und vor allem ist es egal, was Fremde davon halten.

NETT IST DIE KLEINE SCHWESTER VON SCHEISSE

Es gibt Eltern, die sind wirklich total supernett. Nicht nur zu den Nachbarn, zu den Kollegen, zu Fremden, zu den Freunden der Kinder, sondern auch zu ihren eigenen Kindern. Das sind die, die alten Leuten in der S-Bahn ihren Sitzplatz überlassen, die für ihre Nachbarn die Blumen gießen, die eine Schicht vom Kollegen übernehmen und die, durch die man sich als Freund eines Kindes solcher Eltern dort sofort wie im Luxusurlaub fühlt. Und auch um ihre Kinder kümmern sie sich rührend.

Wenn das Kind krank ist, sehen sie regelmäßig nach, ob es ihm schon besser geht, sie bringen ihm Tee, messen Fieber, gehen zur Apotheke, bis es wieder gesund ist. So wirkt es auf Außenstehende. Für die Kinder ist es aber nicht so toll. Wenn man krank ist, will man in erster Linie doch seine Ruhe, damit man sich erholen kann. Das geht aber schlecht, wenn ständig jemand ins Zimmer platzt und einen in dem Moment anspricht, in dem man fast eingeschlafen wäre. Und dann muss man auch noch tagelang Tee trinken. Fiebermessen trägt auch nicht unbedingt zur Erholung bei, vor allem nicht, wenn man von Anfang an gar kein Fieber hatte. Wenn sie dann mal bei der Apotheke sind, hat man Glück und für ein paar Minuten Ruhe. Danach muss man aber die widerlichen Medikamente hinunterwürgen. »Was nicht schmeckt, das hilft.«

Wie schon erwähnt, fühlen sich Freunde wie im Paradies. Das Glas wird immer wieder mit Cola befüllt, und kaum ist die Chipstüte leer, ist schon die nächste da, man darf sich ein Gericht wünschen und wird total verwöhnt. Als Kind solcher Eltern sieht man das anders. Man will einfach Zeit mit seinen Freunden verbringen und Spaß haben. Eltern, die mehr Zeit mit den Freunden verbringen als man selbst, tragen dazu nicht besonders viel bei. Vielleicht ist auch mal ein besonderer Junge / ein besonderes Mädchen zu Besuch und man will Zweisamkeit. Blöd, wenn die Eltern ständig im Zimmer herumlungern.

Nette Eltern sind so nett und nehmen ihren Kindern Aufgaben ab. Ich kenne keinen Jugendlichen, der sein Zimmer nicht selbst aufräumen muss. Diese Jugendlichen haben das Glück. Manchmal, es kommt sehr selten vor, ist einem so langweilig, dass man etwas tun möchte. Dann würde man sogar freiwillig das Zimmer aufräumen. Sobald man aber das erste Kleidungsstück vom Boden aufgehoben hat, geht die Tür auf und die Eltern bieten einem an, dass sie das für einen übernehmen. Ist ja ganz nett gemeint, aber man wollte das selbst machen. Andere Eltern wären froh, wenn ihr Kind etwas freiwillig tut.

Ausschlafen ist auch etwas sehr Schönes. Das wissen nette Eltern. Nicht so schön ist es aber, wenn man um vier Uhr nachmittags an einem Sonntag erst aufwacht, weil man nicht geweckt wurde, spätabends immer noch total wach ist und erst zwei Stunden bevor man wieder aufstehen muss einschläft und am Montag in der Schule oder Arbeit dann todmüde ist.

So viel Nettigkeit erträgt man einfach nicht.

Sie müssen nicht immer nett sein zu Ihren Kindern. Und wie schon im ganzen Buch beschrieben, gehören bestimmte Sachen zum Erwachsenwerden dazu. Auch, dass man bestimmte Aufgaben selbst übernimmt. Als Jugendlicher kann man selbst aufräumen und sich um die Freunde kümmern. Kümmern Sie sich stattdessen lieber um Ihre Nachbarn oder gehen Sie zur Suppenküche und kümmern Sie sich da um andere Leute.

*

Da deine Eltern so nett sind, besteht die Möglichkeit, dass sie sogar so nett sind, dass sie weniger nett sind, wenn du sagst, dass das für dich besser ist. Die Möglichkeit ist aber eher geringer. Reiße deinen Eltern beim nächsten Versuch, dein Zimmer selbst aufzuräumen, die Sachen aus den Händen, schmeiße sie aus deinem Zimmer und nagel Fenster und Tür zu. Dann dürftest du normalerweise deine Ruhe haben.

WESHALB KRANK SEIN KEINE GUTE IDEE IST

Alle, die Eltern haben, die sie liebevoll gesund pflegen und bemitleiden, wenn sie krank sind, haben richtig Glück. Sie können einfach mal ein oder zwei Tage zu Hause sein, sich ausruhen und stressfrei gesund werden. Ich fühle mit allen mit, die nicht solche Eltern haben.

Paula hat auch nicht solche Eltern, dafür aber ein schwaches Immunsystem. Keine gute Kombi.

Es ist Anfang Oktober, es wird etwas kühler, die Leute erkälten sich hin und wieder leicht, und auch Paula hat es erwischt, aber so richtig. Schon am Wochenende ging es ihr schlecht, weshalb sie zu

Hause blieb, anstatt mit ihren Freunden feiern zu gehen. Und auch am Montag würde sie gerne zu Hause bleiben, weil es ihr immer noch nicht besser geht. »Du wirst doch wohl mit einem Schnupfen in die Schule gehen können. Stell dich nicht so an. Andere Leute haben etwas viel Schlimmeres und müssen trotzdem in die Arbeit. Ich melde dich nicht krank. Wenn du unbedingt zu Hause bleiben willst, dann unentschuldigt«, meint ihr Vater morgens, als sie ihn bittet, in der Schule anzurufen.

Unentschuldigt möchte Paula auf keinen Fall fehlen, also schleppt sie sich mühsam zur Schule. Mit verstopfter Nase kurz vorm Ersticken, schmerzenden Gliedern, tränenden Augen und ihre Lunge fast heraushustend quält sie sich den halben Tag, bis ein Lehrer sie nach Hause schickt.

»Was machst du denn schon zu Hause?«, möchte ihre Mutter wissen. Paula erklärt ihr die Lage. »Wenn ich so oft in der Arbeit fehlen würde, wäre ich schon längst arbeitslos«, kann Paula sich dann mal wieder anhören. Sie zieht sich um und legt sich hin. Doch sobald sie liegt, fällt ihr ein, dass ein Tee nicht schlecht wäre. Sie ruft ihre Mutter, doch von der kommt als Antwort: »Wenn es dir nicht so schlecht geht, dass du zu Hause bleiben musstest, wirst du dir ja wohl selbst Tee kochen können.« Dass Paula keine andere Wahl hatte und nach Hause geschickt wurde, spielt natürlich keine Rolle.

Abends hört sie, wie ihre Eltern sich über sie unterhalten. »So geht das doch nicht weiter. Ständig ist sie krank. Sie kann doch nicht jedes Mal zu Hause bleiben.« – »Du hast schon recht. Aber wir können nichts daran ändern, auch wenn es nervt.«

Ich habe Migräne und finde es selbst nervig, aber ich kann nichts daran ändern. Ich hab mir das schließlich nicht ausgesucht. Vor allem fühlt man sich dann schlecht, wenn man morgens zu Hause geblieben ist, es einem mittags wieder gut geht und man deswegen die Verabredungen für nachmittags wahrnehmen kann und einem den ganzen Tag vorgeworfen wird, dass es einem nicht gut geht.

Wenn Ihr Kind schwänzt und Sie deswegen so reagieren, ist das vollkommen verständlich. Doch wenn Ihr Kind wirklich krank ist und der Arzt das bestätigt, wäre es ratsam, ein wenig Verständnis zu haben. Es verlangt ja keiner, dass Sie für Ihr Kind die Krankenschwester spielen, aber vielleicht einfach mal einen Tee kochen und es sich dann ausruhen lassen.

*

Ich habe leider noch nicht herausgefunden, was man mit solchen Eltern macht. Versuche einfach, das zu ignorieren, was sie sagen. Wenn du krank bist, bist du krank, und dann ist das halt so.

ALLE JAHRE WIEDER

Silvester, Weihnachten, Geburtstage und sich gegenseitig beschenken. Jedes Jahr dasselbe. Das alles ist nicht nur mit schönen Dingen verbunden, sondern auch vor allem mit Stress. Nicht nur Stress, weil es generell stressig ist, sondern auch, weil die Eltern Stress machen. Hier ein paar Szenarien.

Die Sache mit dem Beschenken: Bea hat sich zu Weihnachten ein bestimmtes Glätteisen gewünscht, da sie von Natur aus stark gelockte Haare hat. Und wie das nun mal so ist, will man das Gegenteil von dem, was man hat. Doch als sie bei der Bescherung ihre Geschenke auspackt, merkt sie schnell, dass sie sich das Glätteisen selber kaufen muss. Der Großteil der Geschenke sind verschiedene Pflegeprodukte für die Haare. Zwar sind sie von guten Marken, aber sie sind alle für gelockte Haare, damit sie auch schön gelockt bleiben. »Deine Locken sind doch so hübsch. Als kleines

Kind sahst du damit immer so süß aus. Du kannst froh sein, dass du solche Haare hast. Die solltest du gar nicht glätten. Das macht sie doch eh nur kaputt«, meint ihre Mutter. Nett gemeint, aber total verfehlt. »Du könntest ruhig ein bisschen dankbarer sein. Du kennst dich doch mit so etwas aus, du solltest wissen, was das Zeug gekostet hat«, meckert dann ihr Vater, als er merkt, dass Bea sich nicht freut. Und schon ist die Weihnachtsstimmung im Sommerurlaub.

Silvester: Irgendwann kommt das Jahr, in dem man so alt ist, dass man Silvester mit seinen Freunden verbringen will. Wobei ich sagen muss, dass ich das noch nie wirklich wollte. 2016 wäre ich fast zu einer Party gegangen, aber die war zu weit weg und ich hatte keine Übernachtungsmöglichkeiten und kein Geld für ein Taxi, also bin ich zu Hause bei meinen Eltern geblieben. 2017 hab ich eine Einladung bekommen, aber ich habe abgesagt, weil ich doch lieber mit meinen Eltern zu Hause bin. Ich finde, Silvester ist auch eine Art Familienfest und da bin ich dann einfach lieber mit meiner Familie, auch wenn wir nichts Besonderes machen. Aber reden wir mal lieber über normale Jugendliche, die nicht mit ihren Eltern zu Hause herumhocken wollen. Für Eltern ist das bestimmt ein Stück Loslassen, wenn das Kind zum ersten Mal an Silvester nicht da ist. Es macht aber den Eindruck, als würden sie darüber gar nicht mal so lange nachdenken. Ein paar Tage vor Silvester studiert Annas Vater die Prospekte, um das beste Feuerwerk der Nachbarschaft zu machen. Denn das ist genauso Tradition wie Bleigießen bei Anna und ihren Eltern. Doch am 30.12. verschwindet die Vorfreude. »Ich würde gerne mit meinen Freundinnen Silvester feiern«, erwähnt Anna beiläufig beim Abendessen. Ihre Eltern sehen sich schockiert an. »Bei Jana zu Hause?«, will ihre Mutter wissen. Denn das wäre okay. Es würde nur nicht in Ordnung sein, wenn ihre 16-jährige Tochter knapp bekleidet zu einer Party geht, sich besäuft und mit Jungs tanzt oder mehr. »Wir wollen zu Jonas Party.

Seine Eltern sind nicht da und er hat paar Leute eingeladen. Wir können da dann auch schlafen.« – »Nein, auf keinen Fall! Dafür bist du noch viel zu jung!«, meint ihr Vater. Und die Diskussion beginnt. Sie endet mit dem Ergebnis, dass Anna zu Hause bleiben soll. Sie soll, tut es aber nicht. Abends kommt sie aufgebrezelt in einem kurzen Kleid und mit einer Sektflasche aus ihrem Zimmer. Nach einem heftigen Streit verlässt sie türenknallend das Haus und steigt zu einem Kerl, den ihre Eltern noch nie gesehen haben, ins Auto. Happy new year!

Oh, du Fröhliche: Markus wird an Weihnachten wie ein kleines Kind behandelt. Den ganzen Tag machen seine Eltern ein großes Tamtam um das Weihnachtsgeschenk, das der Weihnachtsmann gebracht hat. Die Geschenke, die bereits morgens unterm Baum liegen, darf er aber erst abends öffnen. Ständig platzt seine Mutter in sein Zimmer, bringt ihm Plätzchen und will wissen, ob er schon aufgeregt ist und sich freut. Um Punkt 19 Uhr, wie die letzten 17 Jahre, ruft ihn seine Mutter zur Bescherung.

Geburtstage: Geburtstage sind wie Silvester. Klar, an diesem Tag verbringt man auch Zeit mit seiner Familie, aber abends würde man dann halt gerne feiern gehen. »Aber heute ist doch dein Geburtstag. Du wirst doch nur einmal volljährig.« Und genau deswegen will man feiern, und zwar richtig und nicht mit der Familie bei Kaffee und Kuchen. Was irgendwann dann auch nervig wird, sind Geburtstagslieder. Es ist peinlich und unangenehm.

Praxistipp

Auch wenn Sie an besonderen Tagen alles perfekt haben wollen, sich Mühe geben und an Traditionen festhalten möchten, müssen Sie akzeptieren, dass Ihr Kind das nicht will. Später wird es das bestimmt wieder wollen, aber in diesem Alter hat man auf so etwas einfach keine Lust. Sie hätten in Ihrer Jugend doch auch so gedacht. Geben Sie es zu.

*

Vielleicht kannst du dich auf einen Kompromiss einlassen. Das ist meist der einfachste Weg. Verbringe zum Beispiel deinen Geburtstag mit deiner Familie und gehe am nächsten Tag feiern oder feiere rein und dann mit deiner Familie. Oder du ziehst eiskalt dein Ding durch, was die Sache aber nicht wirklich vereinfachen wird.

WESHALB VOLLJÄHRIG NICHT GLEICH VOLLJÄHRIG IST

Bevor ich volljährig war, musste ich natürlich fragen, ob ich irgendwo hindarf, und Bescheid sagen, wann ich wieder da sein werde. Jetzt, wo ich volljährig bin, mache ich das auch noch. Meine Mutter sagt dann immer, dass ich sie da nicht fragen muss, da ich schließlich volljährig bin. Neulich habe ich ungeplant bei meinem Freund übernachtet und auch Bescheid gesagt, was so weit in Ordnung war. Am nächsten Tag habe ich allerdings nicht gesagt, wann ich wieder zu Hause sein werde. Fanden meine Eltern nicht so toll, obwohl ich volljährig bin. Und das ist es, was ich damit meine, dass volljährig nicht gleich volljährig ist.

Aber auch wenn man sich etwas Teures kaufen möchte, dessen Preis laut Eltern über dem Wert der Sache ist, kriegt man sich leicht in die Wolle, auch wenn man volljährig ist und das eigene Geld ausgeben kann, wofür man will. Mein Freund und ich wollten bei der Walker Stalker Convention ein Foto mit Schauspielern, die über 130 € kosten würden. Wir sind beide volljährig, verdienen unser eigenes Geld, sind nicht verschwenderisch, wollten uns einmal was gönnen, da die Schauspieler von *The Walking Dead* nicht oft in Deutschland sind, und trotzdem hatten unsere Eltern ein Problem damit.

Praxistipp

Solange Ihr Kind nicht etwas absolut Schwachsinniges vorhat, können Sie es doch einfach machen lassen oder die Sache zumindest etwas ruhiger angehen.

*

Das wird wahrscheinlich nie aufhören. Auch wenn du 40 Jahre alt und Millionär bist und dir ein neues, wahnsinnig teures Auto kaufen willst, werden deine Eltern ihren Senf dazugeben.

DIE SACHE MIT DEM BAD

Bestimmt denken Sie jetzt, wenn Sie mindestens zwei Badezimmer haben, dass Sie Ihr Kind mit dieser Sache nicht nerven können. Da liegen Sie falsch. Sich mit den Eltern ein Bad teilen zu müssen ist supernervig, aber es gibt auch andere Dinge, die nerven.

Wenn Eltern die Tür offen lassen, wenn sie im Bad sind, nervt das auch extrem, egal was sie in diesem Moment machen. Noch schlimmer wird das, wenn Freunde zu Besuch sind. Die sollten nämlich auf keinen Fall sehen, wie deine Eltern sich umziehen, nur in ein Handtuch eingewickelt dastehen oder auf der Toilette sitzen. Und du selbst willst das sicherlich auch nicht sehen. Die ganze Sache wird noch mehr verschlimmert, wenn ihr in einem Mehrfamilienhaus wohnt und die Wohnungstür gegenüber vom Badezimmer liegt. Dann ist man jedes Mal am Überlegen, ob man jetzt wirklich das Haus verlassen soll. Es kommt nämlich oft vor, dass du das vorhast, deine Eltern mal wieder bei offen stehender Tür im Bad sind und du hörst, dass deine Nachbarn im Treppenhaus sind. Es besteht also die Möglichkeit, dass die Nachbarn beim Öffnen der Wohnungstür einen Blick in die Wohnung werfen könnten und somit auch einen direkt ins Bad, wo deine Eltern was auch immer tun. Und da du entweder ein netter Mensch bist und dieses Bild deinen Nachbarn und die Peinlichkeiten deinen Eltern ersparen willst oder du Egoist bist und dir selbst die Peinlichkeiten ersparen willst, kannst du die Tür nicht öffnen.

Wenn Sie jetzt aufatmen, weil Sie nicht zu den Ich-lass-die-Tür-offen-Eltern gehören, sollte ich Sie wohl besser vorwarnen. Zwei Bäder bieten noch mehr Probleme. Nur weil man zwei hat, heißt es nicht, dass beide mit Toilette, Waschbecken, Dusche und Badewanne ausgestattet sind. Bei mir ist es so, dass ich die Dusche und meine Eltern die Badewanne haben. Da ich eh meistens dusche, ist das ganz praktisch, aber im Winter bade ich auch mal gerne, wobei ich dann immer das Bad meiner Eltern blockiere und sie meins benutzen müssen. Und zum Duschen müssen sie meins auch immer benutzen. Heißt, ich hab nicht wirklich mein eigenes Badezimmer. Blöd gelaufen.

Noch so eine Sache ist das Hereinplatzen, was wir ja schon mal als Thema hatten. Kann im Badezimmer auch passieren. Da man bei uns immer mitbekommt, wenn jemand im Bad ist, und das auch am Licht sieht, das unter der Tür durchscheint, ist das Zusperren nicht unbedingt notwendig. Trotzdem passiert es immer wieder mal, dass man im Bad ist und die Eltern reinkommen, obwohl das eigentlich hätte vermieden werden können.

Die Probleme hat man mit nur einem Badezimmer natürlich erst recht.

Praxistipp

Ziehen Sie in ein Haus mit mindestens zwei Bädern, die beide mit allem ausgestattet sind und die nicht gegenüber der Haustür liegen. Wenn das nicht möglich ist, gibt es ein paar Dinge, durch die nervige Situationen vermieden werden können, wenn Sie sich daran halten.

1. Schließen Sie die Tür beim Betreten des Badezimmers und öffnen Sie sie erst wieder beim Verlassen.
2. Überprüfen Sie, ob sich eine andere Person (Ihr Kind) im Bad befindet, bevor Sie die Tür öffnen.
3. Befindet sich jemand im Bad, betreten Sie es nicht.

*

Mit einem neuen Haus wären deine Probleme geringer, ist das nicht möglich, musst du selbst Initiative ergreifen. Sobald die Tür des Badezimmers offen steht und deine Eltern sich darin aufhalten, solltest du vermeiden, daran vorbeizugehen und die Haustür zu öffnen, falls diese gegenüber dem Badezimmer ist. Wenn Freunde bei dir sind, checke erst einmal die Lage, bevor du sie alleine herumlaufen lässt. Lasse das nicht zu, wenn die Tür offen ist. Sperre immer die Tür zu, auch wenn es manchmal unnötig ist. Oder hänge ein Schild auf.

ELTERN UND DER RADIUS IHRER KOMFORTZONE

Der Radius der Komfortzone von Eltern kann sehr groß sein. So groß, dass er in die Komfortzone anderer eindringt, in die der Kinder. In den eigenen vier Wänden kann man alles tun, was man will, denken Eltern. Aber das ist nicht so.

Ich habe eine meiner Schwestern gefragt, was sie an unserer Mutter nervig fand, und sie meinte, dass sie früher im Garten immer sehr laut war. Anhand dessen kann ich gut erklären, was ich meine. Durch die Lautstärke zieht man die Aufmerksamkeit der Nachbarn auf sich. Meine Mutter hört gerne Pavarotti, und wenn dieser laut in der Nachbarschaft ertönt, würde man wirklich am liebsten im Erdboden versinken.

Anderes Beispiel. Einmal haben wir meinem Onkel im Garten die Haare geschnitten beziehungsweise kürzer rasiert. Ich will nicht wissen, was die Nachbarn dachten, was wir mit dem Rasierer machen.

Praxistipp

Vielleicht ist das neu für Sie, aber es gibt Dinge, die erregen Aufmerksamkeit. Nicht unbedingt positive Aufmerksamkeit. Eher unangenehme Aufmerksamkeit. Also lassen Sie so etwas am besten.

*

Ich glaube, für Eltern ist das schwer zu verstehen. Erwarte also nicht zu viel.

PEINLICHE HOBBYS

Es gibt sehr, sehr viele verschiedene Hobbys. Auch Hobbys, für die man sich schämt. Von denen sollte man anderen Leuten nichts erzählen und sie heimlich im Keller ausüben. Eltern sehen das anders. Ihnen ist nichts peinlich. Also zeigen sie auch ganz offen ihre Hobbys. Keine gute Idee. Der Grund dafür ist, dass sie in einem Alter sind, wo man weiß, dass jeder andere Interessen hat und man das akzeptieren muss. Als Jugendlicher ist das natürlich anders. Was peinlich ist, ist aber natürlich auch Ansichtssache.

Lego sammeln: Lego ist für kleine Kinder. Damit sollte man allerspätestens als Teenager aufhören und nie wieder anfangen. Manche Menschen, vor allem Männer, wissen das scheinbar nicht. Sie sammeln alles Mögliche von Lego. Egal, ob klassisches Lego oder die Star Wars Edition. Solange Väter das in einem kleinen, geheimen Zimmer machen, kannst du es ja noch relativ gut vor deinen

Freunden verstecken. Problematisch wird es aber, wenn dein Vater mit seinen Kumpels einen Legoabend veranstaltet und sie sich in der ganzen Wohnung ausbreiten, wenn du Freunde zu Besuch hast.

Künstlerisches »Talent«: Über Kunst lässt sich immer streiten. Ich könnte auch Farbe auf eine Leinwand klatschen und somit »meine Gefühle ausdrücken«, würde aber trotzdem dafür nicht 20.000 € bekommen. Wenn deine Eltern allerdings meinen, dass das bei ihnen anders sei, hast du ein Problem. Schließlich wollen Künstler ihre Kunstwerke auch zeigen und hängen sie überall auf. Das Thema Künstler hatten wir ja schon einmal.

Sammeltick: Wenn man etwas sammelt, was Sinn macht, ist es ja in Ordnung, solange man nicht übertreibt, zum Beispiel Briefmarken. Wenn man wertvolle Briefmarken sammelt, macht es Sinn. Außer alles im Leben dreht sich nur noch um diese eine fehlende Briefmarke. Es gibt aber auch andere Dinge, die man super sammeln kann, aber nicht sollte, vor allem nicht, wenn man Kinder hat: Überraschungseifiguren, Puppen (Wenn Sie die sammeln, werden Sie eh bald sterben. Sie glauben mir nicht? Dann sehen Sie sich mal einen Horrorfilm an.), ausgestopfte Tiere, Lego, Kuscheltiere, Kronkorken und so weiter.

Kostüme: Sich an Fasching und Halloween zu verkleiden ist grundsätzlich in jedem Alter okay. An allen anderen Tagen sollten Sie das lassen. Gehen Sie am besten auch nicht zu Veranstaltungen oder Festivals, wo man sich verkleidet. Sollten Sie es doch tun, dann bitte mit einem dezenten Kostüm oder mit dem besten. Den Rest des Jahres dürfen Kostüme nicht aus dem Schrank oder Keller geholt werden.

Praxistipp

Lassen Sie es einfach. Wenn Sie ein Hobby haben wollen, dann bitte ein normales. Bevor Sie aber ohne Ihr merkwürdiges, peinliches Hobby unglücklich werden, betreiben Sie es weiter. Irgendwo in einem gemieteten Kellerabteil in einer anderen Stadt.

*

Stell deine Eltern vor ein Ultimatum: Entweder sie hören selbst auf und befolgen diesen Praxistipp, oder du bringst sie auf gemeinste Weise dazu.

RAUS AUFS LAND

Es gibt immer Vor- und Nachteile, egal wo man lebt, ob in der Stadt oder auf dem Land. Manche Menschen sind dafür geboren, nur in der Stadt oder nur auf dem Land zu leben, und andere können sich anpassen. Blöd nur, wenn man noch nicht alt genug ist, um selbst zu entscheiden, wo man wohnen möchte, und deswegen am falschen Ort lebt.

Alina lebt von Geburt an in einer Großstadt. Sie kennt quasi nichts anderes. Und das findet sie auch gut so. Sie liebt die Großstadt. Dort sind ihre Freunde, Einkaufsmöglichkeiten an jeder Ecke, Clubs in ihrer Nähe, und sie hat in jeglicher Hinsicht gute Verbindungen. Vor einigen Wochen haben ihre Eltern ihr verkündet, dass ihre Mutter schwanger sei. Zuerst war es ein Schock, doch mittlerweile freut sie sich. Zumindest bis ihre Eltern mit der nächsten Hiobsbotschaft kommen. »Wir haben uns überlegt, dass es fürs Baby besser wäre, außerhalb der Stadt aufzuwachsen. Dort ist die Luft besser, und es ist nicht so gefährlich wie hier.« Alina bleibt erst einmal der Mund offen stehen. »Euch ist klar, dass ich das nicht mitmache, oder? Außerdem ist das richtig schwachsinnig. Mir geht's doch auch super, obwohl ich hier in dieser ach so gefährlichen Stadt groß geworden bin. Auf dem Land stinkt es, und man kann dort nichts unternehmen. Ich will nicht in ein Kaff ziehen!« Am kommenden Wochenende findet eine Besichtigung eines wunderschö-

145

nen alten Hauses in einem nahe gelegenen Dorf statt, dessen Miete nicht viel teurer ist als die für ihre jetzige Wohnung. Alina gibt die ganze Zeit Kommentare von sich, die deutlich sagen, dass es ihr hier nicht gefällt. Dazu hält sie sich noch den Schal vor die Nase. »Die Internetverbindung ist bestimmt richtig schlecht. Und von den Busverbindungen will ich gar nicht erst anfangen. Dann sitze ich für den Rest meines Lebens in Kuhkacke, während alle anderen Spaß haben, und das Baby wird es noch schlechter haben, weil es nie Spaß kennenlernen durfte. Und wenn wir schon hierher ziehen müssen, dann nicht in diese Bruchbude. Ihr wisst doch, was in Horrorfilmen mit Familien passiert, die in solche Häuser ziehen.«

Praxistipp

Sie wollen dort leben, Ihr Kind hier. Einer wird unglücklich werden. Das können Sie aber einfach verhindern. Mit einem Kompromiss. Stadt und Land sind keine Option, wie wäre es mit Vorstadt? Solange sie nicht zu einer typischen Vorstadtfamilie werden, ist alles gut.

*

Es kann nicht immer alles so sein, wie du es gerne hättest. Genauso, wie es nicht immer so sein kann, wie deine Eltern es gerne hätten. Auch dir rate ich zu einem Kompromiss.

3. KAPITEL

DIE MODERNE WELT

LOVE IS LOVE

Homosexualität wird ein immer präsenteres Thema. Dennoch ist es für viele immer noch ein Tabu-Thema. Doch das sollte es nicht sein. Wenn man liebt, dann liebt man, und dann ist es egal, ob man das andere oder das gleiche Geschlecht liebt. Vielleicht klingt das völlig unsinnig, vielleicht findet das aber auch Zustimmung. Wenn Sie mir zustimmen, würden Sie noch genauso denken, wenn Sie erfahren würden, dass Ihr Kind homosexuell ist bzw. dass ein Elternteil homosexuell ist? Ich bezweifle es. Doch warum ist das so? Was ist daran denn so schlimm?

Fangen wir erst einmal mit homosexuellen Eltern an. Ich kann mir vorstellen, dass es für die Kinder anfangs nicht so leicht ist. Wie geht man denn am besten damit um, dass die Mutter eine andere Frau liebt oder der Vater einen anderen Mann, vor allem, wenn die Ehe von Mutter und Vater deshalb scheitert? Wie geht man damit um, wenn die Freunde oder generell andere davon erfahren? Kann man seine Eltern überhaupt in Schutz nehmen, wenn man selbst noch nicht damit umgehen kann? Was tut man zu Hause? Geht man den beiden aus dem Weg, oder konfrontiert man sich selbst damit? Wie reagiert man, wenn die beiden sich küssen? Es nervt bestimmt, wenn man ständig darauf angesprochen wird und dann nach Hause kommt und die beiden sich dann küssen oder auf andere Art Zärtlichkeiten austauschen.

Nun zu homosexuellen Kindern. Denn wenn sie selbst homosexuell sind, ist das bestimmt noch schwieriger. Wie sagt man es seinen Eltern denn überhaupt? Was ist, wenn Sie negativ reagieren, was die meisten bestimmt tun? Wie geht man damit um, wenn die Eltern versuchen, einem auszureden, dass man sich zum gleichen Geschlecht hingezogen fühlt? Soll man ihnen die große Liebe vorstellen oder lieber nicht? Wie reagiert man auf Vorwürfe, dass die Nachbarn merkwürdig gucken und nicht mehr grüßen? Wie erklärt man seinen Eltern, dass Aids nichts mit Homosexualität zu tun hat?

Die Antwort auf diese Fragen ist eigentlich ganz einfach. In erster Linie geht es doch um Familie, und in einer Familie will man, dass die anderen Familienmitglieder glücklich sind. Auch wenn man nicht immer damit einverstanden ist. Was weiß man denn schon über Homosexualität? Wann befasst man sich denn schon mit dem Thema genauer? Das sollte man mal tun. Dann wüsste man, dass es nur darauf ankommt, dass man zusammenhält und sich nicht darum kümmert, was andere darüber denken und sagen. Wir leben im Jahr 2018, da ist alles möglich. Auch, dass man das gleiche Geschlecht liebt.

GAMESTOP

Wahrscheinlich sind alle Eltern gegen Videospiele, außer Väter, die selbst für ihr Leben gerne zocken. Versuchen Sie aber nicht, diesen Abschnitt gegen Ihre Frau zu verwenden, wenn Sie so einer sind. Videospiele haben nicht nur Nachteile, sondern auch Vorteile.

Erst mal die Nachteile. Wenn man den ganzen Tag vor der Konsole hockt, kommt man wenig raus an die frische Luft und hat weniger Bewegung. Das kann zu Verdauungsstörungen führen. Weitere Folgen sind Kopfschmerzen, Haltungsfehler, Krämpfe, Kreislaufprobleme, Nacken- und Rückenschmerzen, und gefährlich ist es auch für Epileptiker. Da es auch Auswirkungen auf das Nervensystem hat, können Schlaf- und Herzrhythmusstörungen auftreten. Durch Adrenalin- und Testosteronausschüttung kommt es zu Pulsrasen. Die Toleranz für Gewalt steigt, aber wenn man sich diese Welt mal anschaut, ist das auch schon fast egal. Die sozialen Kontakte leiden natürlich auch darunter, außer man zockt mit Freunden. Und es besteht Suchtgefahr. Argumentieren Sie aber nicht damit, wenn Sie Raucher sind. Oder Alkoholiker. Oder Junkie.

Jetzt zu dem schönen Teil: Vorteile. Videospiele fördern die Handkoordination. Es gibt auch Sportspiele z.B. für die Wii, wobei man sich bewegen muss. Dadurch werden zum Teil auch Ausdauer, Kraft und Beweglichkeit gefördert. Teilweise kann sich die Sehstärke sogar verbessern. Also nichts mit viereckigen Augen. Der Spruch zieht ab heute nicht mehr. Auch das räumliche Sehen verbessert sich und die Konzentrationsfähigkeit. Wenn man gemeinsam mit anderen zockt, kann es die sozialen Kontakte auch stärken, z.B. bei einem gemeinsamen Spieleabend oder beim Online-Zocken mit Freunden.

Jetzt kannst du gut argumentieren, wenn deine Eltern dir mit Sprüchen kommen, dass das Zocken ja so schädlich ist.

Praxistipp

Ihre Sprüche werden in Zukunft wirkungslos sein. Wenn Ihr Kind in einem Alter ist, in dem es noch nicht zu 100 % weiß, was gut für es ist, dann können Sie ja einen Kompromiss eingehen, anstatt strikt von Anfang an dagegen zu sein. Wenn Ihr Kind das allerdings weiß, dann lassen Sie es einfach. Ist doch nicht Ihr Problem, wenn es sich über Rückenschmerzen beklagt oder auf einmal keine Brille mehr benötigt.

*

Wie gesagt, ab jetzt hast du bei einer Diskussion gute Argumente parat. Was trotzdem nicht heißt, dass du den ganzen Tag an der Konsole hängen sollst wie ein Suchti. Die besten Menschen gibt's in der Realität und in Büchern. Bei der Realität bin ich mir nicht so sicher, aber bei den Büchern. Wäre übrigens eine gute Alternative zum Zocken, wie du wahrscheinlich schon im ersten Abschnitt gemerkt hast, und vielleicht ein Kompromiss, wenn du eins der Kinder bist, die nicht wissen, was gut für einen selbst ist.

THE SOCIAL NETWORK

Dass Eltern mit der Zeit mitgehen und sich mit den modernen Medien und den Möglichkeiten, die diese bieten, vertraut machen, ist ja schön und gut, aber dann sollen sie es so machen, dass ihr Kind nicht darunter leiden muss. Schauen wir uns doch mal Facebook, WhatsApp und Snapchat an.

Facebook: Ahnungslos öffnet Hannes aufgrund einer Freundschaftsanfrage Facebook. »Peter Baumann möchte mit dir befreundet sein«. Zu seinem eigenen Schutz würde Hannes die Anfrage sofort ablehnen, dann würde sein Vater ihn aber fragen, wieso er das getan hat. Er ist also gezwungen, sie zu bestätigen. Anfangs verhält er sich noch ruhig, macht Kollegen und Familienmitgliedern Freundschaftsanfragen und liket deren Beiträge. Doch als er nach ein paar Wochen mit der Materie vertraut ist, beginnt das Grauen. »5 neue Benachrichtigungen«. »Peter Baumann hat dich in einem Kommentar erwähnt«, »Peter Baumann hat dich in einem Kommentar erwähnt«, »Jana S. hat heute Geburtstag«, »Peter Baumann hat dich in einem Beitrag markiert«, »Peter Baumann hat dich in einem Kommentar erwähnt«. Das mit den Kommentaren sind zum Glück nur Videos und Bilder, die sein Vater lustig findet, obwohl sie es nicht sind. Doch die Markierung haut Hannes fast vom Hocker. Sein Vater hat ein Bild hochgeladen von Hannes als kleines Kind, auf dem er definitiv das hässlichste Kind der Welt ist. Peinlicher geht's nicht. Das sieht schließlich nicht nur er, sondern auch all seine Facebookfreunde. Gerade als er sich von dem Schock erholt hat, bekommt er eine Nachricht von seinem Kumpel, dass er eine Freundschaftsanfrage von Hannes' Vater bekommen hat. Und da ist er nicht der Einzige. Ein paar Tage später hat sein Vater entdeckt, dass man die Beiträge anderer teilen kann. Seitdem teilt er alle Beiträge von Hannes und alle Bilder und Videos, die er lustig findet.

WhatsApp: Fabian findet es einerseits praktisch, dass seine Eltern jetzt WhatsApp haben. Er kann ihnen schreiben, dass er noch irgendwo hinfährt oder später kommt, ohne sie anrufen zu müssen, und wenn sie es nicht lesen, sind sie selber schuld. Andererseits kostet es ihn auch seine Nerven. Ständig bekommt er Nachrichten von seiner Mutter, wie es ihm geht, warum er während der Schule online ist, wann er zu Hause ist und ob er mit ihnen isst. Von seinem Vater bekommt er »lustige« Videos und Bilder geschickt. Blockieren kann er die beiden leider nicht, da sie sonst fragen würden, warum er das tut, und beleidigt wären.

Snapchat: Snapchat herunterzuladen war die beschissenste Idee, die Dianas Vater je hatte. Seitdem bekommt sie bei jeder Gelegenheit Snaps mit verschiedenen Filtern von ihrem Vater, wo er Grimassen zieht. Entweder alleine, mit ihrer Mutter oder Kollegen und Freunden. Als ihre Freunde das herausgefunden haben, haben sie ihn geaddet, da er solche Snaps auch in seine Story stellt.

Praxistipp

Wenn Sie sich schon mit solchen Sachen befassen, dann gehen Sie bitte wie ein Erwachsener damit um und nicht wie ein Kleinkind. Auch wenn Sie das ganz lustig finden, geht das alles zulasten Ihres Kindes. Bevor Sie die sozialen Netzwerke für sich entdeckt haben, haben Sie sich doch bestimmt gefragt, weshalb manche Leute jede Kleinigkeit ins Netz stellen. Warum tun Sie es denn jetzt?

*

Auch wenn es dich einige Erklärungen kostet, solltest du im Netz Abstand von deinen Eltern halten und dafür sorgen, dass auch deine Freunde das tun bzw. dass deine Eltern von deinen Freunden Abstand halten und von dir am besten auch. Zwar kann man nichts komplett löschen, wenn du aber die Möglichkeit hast, etwas wenigstens oberflächlich zu löschen, dann nutze die auch. Ein wenig Zeit und Ruhe könntest du auch gewinnen, indem du Passwörter heimlich änderst und die Apps bei jeder Gelegenheit vom Smartphone deiner Eltern löschst.

SELFIE-BOOM

Freuen Sie sich nicht zu früh. Es geht in diesem Abschnitt nicht darum, dass Ihr Kind ständig Selfies macht und auch sonst alles ins Netz stellt. Es geht darum, dass Sie das tun beziehungsweise dass Sie ständig Fotos und Videos machen.

Es gibt Insta-Bitches und Snap-Queens und deren männliche Gegenstücke, die gerne und ständig etwas von sich posten, aber selbst die haben keine Lust auf Ihre Dauer-Knipserei. Normale Jugendliche also erst recht nicht. Ab und zu mal zu besonderen Anlässen oder im Urlaub mag das noch in Ordnung sein, aber bei jedem Familienabend, jeder Grillparty oder Sonstigem wird das wirklich zu viel. Und selbst wenn es angemessen ist, brauchen Sie es nicht zu übertreiben.

Mira ist mit ihrer Familie im Urlaub. Nach einem langen Flug hat sie sich spätnachts auf einen erholsamen Schlaf gefreut. Durch die Zeitverschiebung ist sie morgens trotzdem noch müde, und das sieht man ihr auch an. Im Schlafanzug, mit zerzausten Haaren und noch ganz verschlafen kommt sie aus ihrem Zimmer. Ihre Mutter hört das sofort, springt auf, schnappt sich die neue Spiegelreflex und schießt mit Blitz ein Foto von ihrer Tochter. »Mama! Spinnst du? Willst du mich damit blind machen, oder was?« – »Mecker doch nicht gleich rum. Genieße lieber den Urlaub.« Auch beim gemeinsamen Frühstück werden ständig Fotos gemacht. Danach machen sich alle für den Strand fertig. Mira wirkt noch recht blass, so wie alle deutschen Urlauber am Anfang. Ihrer Mutter ist das egal. Erst einmal muss ein Bild gemacht werden. »Kannst du das nicht in ein paar Tagen machen, wenn ich braun bin? Das sieht jetzt bestimmt richtig scheiße aus.« Am Strand wird es nicht besser. Egal, ob Mira in der Sonne liegt, sich ein Eis holt, ins Wasser geht, von einer Welle fast ertränkt wird oder durch den heißen Sand läuft, es wird immer geknipst.

Praxistipp

Ich hoffe, Ihnen ist klar, dass Sie nerven. Sonst könnte das der letzte Urlaub, Ausflug oder anderes gewesen sein.

*

Lass die Kamera verschwinden, und dein Problem ist gelöst.

GENERATION SMARTPHONE

Mal wieder geht es nicht um Jugendliche, die ständig am Smartphone sind, sondern um Eltern, die das machen. Als Jugendlicher kann man sich oft anhören, dass man nur noch am Handy hängt, man mit einem keine Gespräche führen kann, soziale Kontakte nur noch online gepflegt und im echten Leben vernachlässigt werden und man das Teil nicht mal eine Minute beiseitelegen kann. Manche Eltern, die sich teilweise genau darüber beschweren, erfüllen diese Klischees, sobald sie ihr erstes Smartphone besitzen. Mit Generation Smartphone meine ich also nicht meine Generation, sondern die reife Generation Smartphone. Ihre Generation, liebe Eltern.

Nur noch am Handy sein: Rebeccas Mutter packt ihr erstes Smartphone aus. Die ersten paar Tage ist sie damit ständig beschäftigt, alleine schon, um sich zurechtzufinden und herauszufinden, wie alles funktioniert. Als sie es herausgefunden hat, findet sie das Smartphone noch toller.

Gespräche führen: »Mama, wann gibt's Essen?«, fragt Rebecca. Keine Reaktion. »Mama?« Immer noch keine Antwort. »Hallo?« – »Was ist?« – »Wann gibt's Essen?« – »Später.«

Soziale Kontakte: Früher war es üblich, dass zwei Freundinnen von Rebeccas Mutter am Dienstagnachmittag zu Besuch kommen. Die drei sahen sich nämlich nicht so oft. Doch als Rebecca diesen Nachmittag nach Hause kommt, ist es auffällig still im Haus. Keine Stimmen, kein Lachen, kein Klirren von Gläsern oder Tassen. Als Rebecca das Wohnzimmer betritt, sitzt dort nur ihre Mutter. Am Handy. »Wo sind Gabi und Claudi?«, fragt Rebecca verwundert. »Jetzt, wo wir täglich miteinander schreiben können, ist es unnötig, sich jede Woche zu treffen. Wir hätten uns wahrscheinlich eh nichts zu erzählen.« Auch den monatlichen Spieleabend der Familie lässt sie sausen. Die Spiele gibt es schließlich online, sodass man sie jederzeit überall spielen kann.

Nicht beiseitelegen können: Wie man wahrscheinlich schon merkt, kann Rebeccas Mutter ihr Smartphone nicht weglegen. Egal, ob auf dem Klo, beim Kochen, Essen oder auf dem Sofa, das Smartphone ist immer dabei.

Praxistipp

Tun Sie nichts, was Sie an Ihrem Kind beziehungsweise der heutigen Zeit kritisieren. Wenn Sie die tollen Funktionen Ihres Smartphones entdecken und deshalb anfangs viel damit beschäftigt sind, ist es ja noch verständlich, und man kann ein Auge zudrücken. Wenn aber Ihre Familie darunter leidet, dann legen Sie es doch einfach mal weg. Sie werden ja wohl nicht so gefragt sein, dass Sie jede Minute eine wichtige Nachricht erhalten, die Sie sofort beantworten müssen, weil davon der Weltfrieden abhängt. Dann wäre es ohnehin schon zu spät.

*

Gegen die reife Generation Smartphone kannst du nur etwas tun, wenn du nicht zur typischen jungen Generation Smartphone gehörst. Wenn schon, bist du nämlich nicht besser als deine Eltern. Nehmen wir aber mal an, du gehörst nicht dazu. Sprich deine Eltern darauf an und mach hinweisende Kommentare, dazu aber später. Hilft das alles nichts, sollte das Smartphone ganz zufällig mal für ein paar Stunden unauffindbar sein und plötzlich ganz unerwartet im Kühlschrank oder an anderen überraschenden Orten auftauchen.

4. KAPITEL

BEZIEHUNGEN & PSYCHE

MUTTER-SOHN-BEZIEHUNG

Muttersöhnchen, die es noch mit 30 Jahren genießen, an Muttis Rockzipfel zu hängen, sollten diesen Abschnitt überspringen, wenn sie schwache Nerven haben. Deren Mütter sollten diesen Abschnitt hingegen unbedingt lesen. Und auch für alle anderen, die gerade, so wie ich, bei dem Gedanken an Muttersöhnchen kotzen könnten, ist dieser Abschnitt lesenswert. Hilfreich ist es auch, wenn deine Mutter sich wünscht, dass du ein Muttersöhnchen wärst, du es aber nicht sein willst.

Bevor ich jetzt etwas zu den Müttern sage, muss ich erst mal über die Söhne lästern.

Neulich saß ich in der S-Bahn, nebenan im Vierer saß ein Typ, daneben stand ein Bekannter von ihm. Die beiden waren circa 18 Jahre alt. Nennen wir den Typen Sascha und den Bekannten Finn. Finn hat erzählt, dass er seinen Führerschein hat. Und nein, ich belausche nicht die Gespräche fremder Leute in der S-Bahn, meine Ohren hören das immer ganz zufällig. Sascha meinte dann, dass er schon seit einem Jahr bei der Fahrschule angemeldet ist und bald seine Theorieprüfung hat. Nach einem Jahr. Glanzleistung. Aufgrund der sehr langsamen Mitarbeiter des Landratsamtes habe ich sie nach fast genau drei Monaten gemacht. Und ich meine es wirklich ernst, dass die langsam sind. Hoffentlich hat jemand ihm gesagt, dass er nach einem Jahr noch mal von vorne anfangen muss, weil die Stunden verfallen. Sascha wollte eigentlich noch nicht mit dem Führerschein anfangen, aber seine Eltern meinten, dass es langsam mal Zeit wird. Finn hat dann auch gesagt, dass Sascha echt einen braucht, auch wenn er nicht unbedingt mit dem Auto fahren muss, einfach nur damit er einen hat und fahren könnte. Dann haben sie über die Ausbildung und das Gehalt geredet und sind dadurch auf das Thema Ausziehen gekommen. Finn will nach der Ausbildung recht bald ausziehen, da er dann wahrscheinlich genug verdient, um sich das leisten zu können. Sascha hingegen gab ganz

offen zu, dass er Hotel Mama total genießt und solange wie möglich ausnutzen will. Sollte er eine Freundin haben, hoffe ich für ihn, dass er ihr das nicht erzählt, sonst hat er nämlich bald keine mehr. Finn fand das jetzt auch nicht so toll, und ich war kurz davor, Sascha auszulachen. Aber bis 27 oder 30 geht ja laut Sascha. Man bekommt Essen gemacht, man bekommt geputzt, man bekommt die Wäsche gewaschen, und das alles ohne etwas zahlen zu müssen.

Jetzt kommen wir zu den Müttern. Bleiben wir am besten bei Saschas Familie.

Als Mutter kümmert man sich natürlich gerne um die Kinder, und man freut sich, wenn das Essen schmeckt und die Kinder sich wohlfühlen. Aber irgendwo muss man doch auch freiwillig Grenzen setzen, oder? Also ich würde meinen Sohn spätestens mit 25 rausschmeißen. Ich bin doch nicht der Depp, der seinen Butler spielt. Soll er sich halt eine Putzfrau besorgen und Pizza bestellen. Vielleicht hat Saschas Mutter ihn so sehr verwöhnt, dass er noch nicht mal das auf die Reihe bekommen würde. »Mami, kannst du mir bitte die Telefonnummer vom Lieferdienst raussuchen, ich hab solchen Hunger.« – »Aber natürlich, mein Schatz. Am besten komme ich vorbei. Ich hab eh schon wieder zu viel gekocht.« Ernsthaft? Junge, dann geh zu REWE und kauf dir da eine Pizza! Was würden diese Typen nur ohne Mutti tun? Die würden verrecken. Todesursache: Hilflosigkeit und Dummheit, weil Faulheit. Solche Mütter wollen aber auch nicht, dass der Sohn auszieht. Um wen sollen sie sich denn sonst kümmern? Der Mann ist schließlich den ganzen Tag in der Arbeit.

Zum Glück gibt es noch Typen wie Finn, die das alles gar nicht wollen, die vernünftig, erwachsen und selbstständig sind. Richtige Männer und keine Pussys. Die ziehen wahrscheinlich nicht einfach nur von zu Hause aus, die flüchten vor ihren Müttern.

Ein Hoch auf alle Mütter und Söhne, die normal sind. Es gibt nichts Schlimmeres als diese Mutter-Sohn-Beziehung. Sollten Sie ein Vater sein und gerade lachen, kann ich Ihnen garantieren, dass Ihnen das Lachen im nächsten Abschnitt vergeht.

Lassen Sie Ihren Sohn bitte einfach erwachsen werden. Wenn Sie sich um jemanden kümmern wollen, dann kaufen Sie sich ein Meerschweinchen oder eine Katze. Wenn Sie ganz stark sind, halten Sie es vielleicht auch aus, bis Ihr Mann in Rente geht. Dann können Sie ihn bemuttern.

*

Als Muttersöhnchen solltest du so langsam oder am besten ganz schnell Muttis Rockzipfel loslassen, dir eine Freundin und eine gemeinsame Wohnung (also gemeinsam mit der Freundin, nicht mit der Mutter) suchen und dich an deren Rockzipfel hängen.

Wenn deine Mutter so ist, du aber kein Muttersöhnchen bist, wirst du wahrscheinlich sowieso so bald wie möglich ausziehen.

VATER-TOCHTER-BEZIEHUNG

Ich als Tochter sollte das nachfolgend Beschriebene eigentlich nervig finden, aber ehrlich gesagt finde ich das schon ganz süß. Mit Vater-Tochter-Beziehungen habe ich leider nicht so viele Erfahrungen, dafür aber mit Stiefvater-Tochter-Beziehungen. Ist fast das Gleiche.

Jeder Mann wünscht sich einen Sohn als Stammhalter, zum Fußballspielen, zum Zocken usw. Die einzig wahre Liebe finden sie aber erst, wenn ihre Tochter geboren wird. Die ist dann natürlich die Prinzessin und muss beschützt werden. So weit alles ganz toll und supersüß. Das ändert sich aber, wenn Jungs ins Spiel kommen. Die stellen prinzipiell eine Gefahr dar. Und eigentlich haben die Väter da recht, aber so wie Söhne irgendwann mal in ihrem Leben ohne

Mutti klarkommen müssen, so muss einem Mädchen auch mal das Herz gebrochen werden. Klingt hart, gehört aber zum Leben dazu. Das Nervige an der ganzen Sache ist, dass alle Jungs von der ersten Sekunde an unten durch sind und die Sätze, die man sich anhören darf. Nicht nur, was den Jungen betrifft, sondern auch generell, wenn der Grund ein Junge sein könnte. »Das Kleid ist doch viel zu kurz!«, »Deine Hose besteht ja nur aus Löchern, man sieht alles!«, »Zieh dir was Anständiges an! Du bist ja halb nackt, man sieht deinen ganzen Bauch!«, »So gehst du aber nicht raus!«, »Was ist das denn für ein komischer Vogel? Pass bloß auf bei dem!«, »Wenn er nicht auf dich aufpasst, mach ich ihn einen Kopf kürzer!«, »Für so etwas bist du doch noch viel zu jung!«. Besonders beunruhigend wird das Ganze, wenn der Vater eine Waffe besitzt oder sich damit auskennt. Jäger, Polizisten, Verbrecher und so. Je mehr ein Vater seine Tochter als Prinzessin und Heiligtum ansieht, umso ausgeprägter ist dieses Verhalten.

Praxistipp

Wie gesagt, gebrochene Herzen gehören dazu. Davor können nicht mal Sie als Vater Ihre Tochter schützen. Tut mir leid, Mädels, aber ich muss euch jetzt in den Rücken fallen. Hören Sie nicht auf, alle Jungs zu hassen, denn wenn einer kommt, den Sie mögen, kann Ihre Tochter davon ausgehen, dass er nicht ganz so scheiße ist wie alle anderen vor ihm.

*

Da ich auf der Seite der Väter bin, kann ich dir keinen Tipp geben. Vielleicht solltest du mal auf deinen Vater hören. Wer weiß, vielleicht bringt es dir etwas.

WIE MAN EINE NARZISSTISCHE MUTTER ÜBERLEBT

Für diesen Abschnitt nehmen wir das klassische Mutter-Tochter-Beispiel. Vielleicht haben ein paar schon mal von *Characteristics Of Narcissistic Mothers* von The Harpys' Child gehört. In diesem Text geht es um folgende 25 Merkmale einer narzisstischen Mutter.

Eine narzisstische Mutter streitet alles ab. Das heißt, sie kritisiert dich nicht, sie manipuliert nicht und hat keine Ausreden, sondern meint es nur gut mit dir, nimmt Rücksicht und macht sich Sorgen. Natürlich ist das nicht so. Sie will das Beste für sich selbst und versucht, alles, was du tust, schlechtzureden. Beispiel: »Ich hab eine Zwei in Mathe, Mama.« – »Julia hatte in der neunten Klasse nur Einser. Du könntest dich schon mal ein bisschen mehr anstrengen, Felicitas. Aus dir soll doch schließlich mal eine talentiertere Ärztin werden.« Dabei sieht sie ihre Tochter traurig an, während ihre Körpersprache zeigt, dass sie sich über sie lustig macht. In ihrer Aussage war eine Kritik, die durch Motivation, Mitleid und positive Aufforderung fast untergeht.

Sie überschreitet alle Grenzen und tut Dinge, die überhaupt nicht gehen. Sie gibt deine Sachen vor deinen Augen anderen Leuten, ohne zu fragen, ob das in Ordnung ist. Sie akzeptiert keine Privatsphäre, denn dadurch gelangt sie an Informationen, die sie gegen dich verwenden kann. Sie verkündet eine Meinung in deinem Namen, obwohl das gar nicht deine Meinung ist. Jeden Versuch der Unabhängigkeit unterbindet sie sofort und bestraft dich dafür. Beispiel: Als Christine nach Hause kommt, wartet ihre Mutter am Esstisch sitzend auf sie. Vor ihr auf dem Tisch liegt ein schwarzes Top, das Christine sofort erkennt. »Ich habe dir letzte Woche Geld gegeben, obwohl du dein eigenes verdienst, damit du dir anständige Klamotten kaufen kannst. Und was ist das?« Sie deutet auf den Stoff vor sich. »Alle Mädchen in meinem Alter tragen bauchfrei.« – »Wenn du so etwas anziehen willst, musst du es auch selbst bezahlen.« Sie steht auf und wirft das Top in den Mülleimer. Christine hat beim Kauf schon geahnt, dass ihre Mutter in ihrem Kleiderschrank nach den neuen Klamotten suchen und das bauchfreie Top finden würde.

Die Geschwister werden bevorzugt. Du bist immer der Sündenbock. Während die Geschwister brav machen, was von ihnen verlangt wird, weil sie so alles bekommen, was sie wollen, musst du dich darum kümmern, dass es ihnen gut geht. Dafür bekommst du allerdings keinen einzigen Wunsch erfüllt. Vor anderen wird immer damit angegeben, wie toll deine Geschwister sind. Über dich fällt kein einziges Wort, denn deine Mutter müsste sich sonst schämen. Beispiel: »Marie hat neulich den Wunsch geäußert, dass sie auf ein Internat gehen möchte, damit sie sich voll und ganz auf die Schule konzentrieren kann. Ich bin so stolz auf meine Jüngste. Sie ist schon so selbstständig und reif für ihr Alter«, erzählt die Mutter der Nachbarin bei einer Gartenparty, während ihre Töchter Melina und Marie danebenstehen. »Mama, ich hab Durst«, unterbricht die zehnjährige Marie sie. »Melina, hol deiner Schwester ein Glas Wasser.« Melina macht das natürlich. Doch als sie ihrer kleinen Schwester das Glas reicht, lässt diese es absichtlich fallen. Und wer muss es ausbaden? Richtig, Melina!

Eine narzisstische Mutter sabotiert gerne. Wenn du einen großen Erfolg hast oder etwas Wunderschönes erlebt hast, wird es sofort schlechtgeredet, denn es soll sich immer alles um sie drehen. Es sei denn, sie kann dadurch im Mittelpunkt stehen. Beispiel: »Klara hat ihr Abitur mit einem sehr guten Zweier-Schnitt bestanden. In der Grundschule hat sie immer gesagt, dass sie nicht auf das Gymnasium gehen möchte. Jetzt ist sie aber froh, dass ich sie dazu überredet habe. Ich freue mich für sie, auch wenn sie nicht so intelligent ist wie ihr Bruder, der eine Klasse übersprungen hat, oder ihre Schwester, die einen Einser-Schnitt hatte. Ich habe mein Bestes gegeben und sie unterstützt, wo ich konnte. Aber eines der Kinder tanzt ja immer aus der Reihe. Es können schließlich nicht all meine Kinder perfekt sein«, erzählt Klaras Mutter ihrer Kollegin.

Außerdem hat sie das Talent, dich schlechtzureden, ohne dass es böse klingt. Es fallen Äußerungen über dein Verhalten als Kind, die dein heutiges Verhalten erklären, was für eine so gute Mutter aber natürlich überhaupt kein Problem ist. Beispiel: Hannah und ihre Familie sind in einem Restaurant mit Freunden ihrer Mutter. »Hannah, iss doch bitte anständig!«, sagt ihre Mutter zu ihr mit einem Unterton, den Hannah schon kennt und der nichts Gutes bedeutet. Zu ihren Freunden sagt sie freundlich lachend: »Essen war ja nie ihr Talent. Aber jeder hat so seine Schwächen.«

Wenn du sie darauf ansprichst, streitet sie alles ab und schiebt das auf deine Psyche. »Du fühlst dich unfair behandelt? Das bildest du dir nur ein. Manchmal hast du wirklich eine blühende Fantasie.« Eine typische Aussage.

Anstatt sich für dich zu freuen, wie es Mütter normalerweise tun, ist sie neidisch. Wenn du etwas Besseres, Hübscheres, Neueres hast, wird sie es dir schlechtreden, es selbst haben wollen, es verschwinden lassen, sich die gleiche Sache oder etwas noch Besseres besorgen, damit dir die Freude vergeht. Beispiel: Kim hat sich ein Kleid für den bevorstehenden Abschlussball gekauft. Stolz präsentiert sie es ihrer Mutter. Es ist königsblau, lang und hat einen Ausschnitt bis zur Mitte des Rückens. »Wirklich sehr hübsch, aber die Farbe steht dir überhaupt nicht. Ich weiß noch gar nicht, was ich anziehen werde«, meint ihre Mutter. Doch schon am nächsten Tag weiß sie es. Sie zeigt Kim ein rotes, langes Kleid mit einem Rückenausschnitt, der fast bis zum Steißbein reicht.

Narzisstische Mütter sind die besten Lügner. Das wird man bei den vorherigen und folgenden Merkmalen definitiv merken.

Es muss sich alles um sie drehen. Bekommst du gerade die ungeteilte Aufmerksamkeit aller, wird sie sich sofort etwas einfallen lassen, damit die Leute sich ihr zuwenden und sich von dir abwenden. Beispiel: An Fionas Geburtstag ist die Familie beisammen, die natürlich Fiona ihre Aufmerksamkeit schenkt, da sie das Geburtstagskind ist. Ihrer Mutter wird das nach einiger Zeit zu blöd, denn keiner beachtet sie. »Ist euch auch so warm, oder geht das nur mir so? Mir ist auch ein wenig schwindlig«, meint sie und klingt dabei so, als würde es ihr wirklich schlecht gehen. Und schon kümmert sich die Familie um sie, und Fiona ist abgeschrieben.

Sie manipuliert und verletzt deine Gefühle grundlos, einfach nur, damit sie sich besser fühlt. Man kann sich dieses Verhalten wie das eines Vampirs vorstellen. Er saugt anderen das Blut, die Lebensenergie aus, weil er nur so stark bleiben kann.

Narzisstische Mütter sind selbstsüchtig und stur. Die vorangegangenen und auch folgenden Merkmale erklären die Selbstsucht sehr gut.

Sie ist egozentrisch. Jedes noch so kleine Detail in ihrem Leben ist tausendmal wichtiger als wirklich wichtige Geschehnisse in deinem Leben. Beispiel: Lauras Freund hat nach zwei Jahren Beziehung Schluss gemacht. »Du hattest einen Freund? Davon hab ich ja gar nichts gewusst! Naja, dann kann es ja auch nicht so wichtig gewesen sein. Verschwende keine Tränen für ihn. Es gibt auch Leute, die ernsthaftere Probleme haben. Meine Lieblingsboutique schließt nächsten Monat. Was mach ich denn dann nur?« Toller Trost.

Obwohl sie selbst ständig kritisiert, kann sie nicht mit Kritik umgehen. Beispiel: Vor wenigen Wochen meinte Rebeccas Mutter: »Dein Lidstrich war aber auch schon mal besser. An deiner Stelle würde ich so das Haus nicht verlassen. Geh lieber noch mal ins Bad.« Nun meint Rebecca: »Mama, hast du deine Augenbrauen gezupft? Die sehen heute irgendwie anders aus. Fast als hättest du dich verzupft.« – »Nein, natürlich habe ich mich nicht verzupft. Das ist mir noch nie passiert und wird es auch nie. Du hast davon einfach keine Ahnung«, antwortet ihre Mutter daraufhin eingeschnappt und plant bereits, wie sie das ihrer Tochter heimzahlen kann.

Sie terrorisiert dich und nutzt all deine Schwächen und Ängste schamlos aus und verwendet dieses gegen dich. Alleine an ihrem

Blick kannst du nach einem Fehlverhalten schon erkennen, dass sie gerade etwas plant. Wenn du ein wenig Vorstellungsvermögen hast, kannst du dir diesen Blick spätestens am Ende dieses Abschnitts vorstellen.

Das dieses Verhalten total kindisch ist, erkennt man sofort. Es geht aber noch schlimmer. Wenn du ihr nicht das gibst, was sie will, kommen Aussagen wie »Wenn ich tot bin, wirst du dein Verhalten bereuen!«.

Obwohl du nicht unabhängig von ihr sein sollst, zwingt sie dich, erwachsen zu sein. Wünsche kannst du dir mit deinem eigenen Geld erfüllen, für Fehlverhalten musst du die Konsequenzen tragen, und für die schönen Sachen im Leben wie Geburtstagsfeiern bist du zu alt.

Sie beutet nicht nur andere Leute aus, sondern auch ihr eigenes Kind. Egal, ob es um Geld geht oder Arbeiten, die erledigt werden müssen. Beispiel: »Pia, wärst du so lieb und würdest bitte morgen das Haus putzen. Ich bin morgen den ganzen Tag nicht zu Hause. Du bekommst dafür natürlich auch 50 €.« So blöd wie Pia leider ist, tut sie ihrer Mutter diesen Gefallen. Die 50 € könnte sie auch gut gebrauchen, kann man ja immer. Eine Woche später. »Mama, du hattest mir 50 € versprochen.« – »Die bekommst du nächste Woche. Ich hab gerade kein Geld da. Hättest du vielleicht 30 € für mich? Ich bräuchte dringend eine neue Bluse. Du willst dich doch bestimmt nicht mit mir in diesen alten Klamotten in der Öffentlichkeit schämen müssen, oder?« Aber Pia soll ihre Klamotten vom eigenen Geld kaufen.

Narzisstische Mütter projizieren ihre eigenen negativen Eigenschaften auf dich, damit es nicht auffällt, dass sie viel schlimmer ist als du. Beispiel: Kiaras Mutter ist zwar nicht dick, aber gut gebaut. Kiara selbst hingegen ist sehr schlank. Trotzdem kann sie sich immer wieder von ihrer Mutter anhören, dass sie keine gute Figur hat, nur weil sie mit ihrer eigenen unzufrieden ist. Das tut sie auch vor anderen Leuten. »Wieso hast du denn heute dieses Kleid an? Das tut überhaupt nichts für deine Figur.«

Sie hat immer recht. Selbst wenn es offensichtlich ist, dass sie einen Fehler gemacht hat oder unrecht hatte, wird sie es so verpacken, als hätte sie nichts getan. »Es tut mir leid, dass du sauer auf mich bist, weil du denkst, dass ich zu wenig Zeit für dich habe.«

Einerseits können narzisstische Mütter total empathisch sein, und andererseits sind sie eiskalt. Ist dein Problem in ihrem Interesse, zeigt sie Mitgefühl. Hat sie damit nichts zu tun, ist es ihr scheißegal. In einem Beispiel hab ich Laura und ihren Freund erwähnt. Ihre Mutter hat kalt reagiert. Wäre in diesem Moment allerdings noch eine Person dabei gewesen, hätte sie sich rührend um ihre Tochter und deren gebrochenes Herz gekümmert, damit diese Person sieht, dass sie eine gute, fürsorgliche Mutter ist, die immer für ihre Tochter da ist.

Gegen eine narzisstische Mutter kannst du niemals gewinnen. Sie wird sich die Situation immer so zurechtlegen, wie es ihr passt, und so, dass du als Verlierer dastehst.

Wie schon zuvor erwähnt, ist eine narzisstische Mutter schamlos. Sie wird immer alles bekommen, ohne zu fragen. Sie fordert und bekommt, egal um was es sich handelt und von wem sie es bekommt.

Besonders Spaß macht es ihr, dir die Schuld für alles zu geben, was in ihrem Leben nicht so gelaufen ist, wie sie es sich gewünscht hatte. Ob das in Verbindung mit dir steht, ist ihr egal. »Aus dir soll mal eine bekannte Tänzerin werden. Ich musste meine Karriere aufgeben, als ich schwanger wurde.«

Eine narzisstische Mutter ist sehr gut darin, Beziehungen zu zerstören. Nicht nur deine Liebesbeziehungen, sondern auch die familiäre Beziehung. Kein Wunder, wenn man das eine Kind bevorzugt und verwöhnt, während man das andere wie Dreck behandelt. Da ist es nachvollziehbar, wenn das eine Kind das andere immer weniger mag.

Zu guter Letzt: Sie will Mitleid. Egal von wem, egal wegen was, Hauptsache Mitleid. Selbst, wenn es keinen Grund gibt.

Dieser Abschnitt wirkt bestimmt sehr ernst, aber wenn man so viele Jahre mit so einer Mutter zusammenlebt, dann kann man die doch irgendwann nicht mehr ernst nehmen, oder? Oder man dreht komplett durch.

Praxistipp

Sollten Sie sich als Mutter angesprochen fühlen, sollten Sie Ihr Verhalten definitiv überdenken, vor allem nachdem Sie den Tipp an Ihr Kind gelesen haben.

*

Wenn deine Mutter so ist, dann packe deine Sachen und gehe.
Auch wenn du deine Mutter mittlerweile vielleicht nicht mehr ganz so ernst nimmst. Safety first!

ELTERLICHE SCHWEIGEPFLICHT

Elterliche Schweigepflicht ist im Prinzip das Gleiche wie ärztliche Schweigepflicht. Man erzählt dem Arzt etwas Vertrauliches, und er muss darüber stillschweigen. Man erzählt den Eltern etwas Vertrauliches, und sie müssen darüber stillschweigen. Klingt einfach, scheint es aber nicht zu sein. Bestimmt hast du schon einmal einem Elternteil etwas erzählt, was der andere nicht wissen sollte, und am Ende hat er es dann doch erfahren. Oder du suchst ein Männer- / Frauengespräch und der andere Elternteil weiß dann auch von deinen Problemen. Sinn der Sache ist das nicht. Zwar steht die elterliche Schweigepflicht nirgends geschrieben, aber es gibt sie. Nur scheinen Eltern das nicht zu wissen. Egal, um was es geht, Eltern erzählen es immer irgendjemandem. Manchmal kriegt man es nicht mit, aber sie tun es definitiv. Dass das für unangenehme Situationen sorgt, kannst du dir bestimmt vorstellen. Wenn die Tochter ihrer Mutter anvertraut, dass sie ihren ersten festen Freund hat, und diese es dem etwas strengeren Vater erzählt, ist Stress vorprogrammiert. Hätte vermieden werden können, wenn Eltern keine Tratschtanten wären.

Praxistipp

Wenn Ihr Kind Ihnen etwas anvertraut, sollten Sie das wirklich diskret behandeln. Sie wissen doch bestimmt aus Ihrer eigenen Jugend, wie es war, wenn Eltern so etwas gemacht haben. Und Sie wollen sicherlich auch nicht das Vertrauen Ihres Kindes verlieren.

*

Erzähle deinen Eltern einfach eine Zeit lang nichts oder zumindest nichts, was der andere Elternteil auf keinen Fall wissen sollte. Versuche es dann noch einmal, und wenn deine Eltern es immer noch nicht verstanden haben, dann lasse es komplett.

UNTER ZWANG UND DRANG

Viele Eltern meinen zu wissen, dass nur sie wissen, was am besten für ihr Kind ist. Oft wissen Eltern, was das Beste ist, oft aber auch nicht. Jemanden zu etwas zwingen und drängen, was derjenige gar nicht will, ist nämlich bestimmt nicht das Beste.

Es gibt Kinder, die werden zu einem bestimmten Hobby gezwungen, wie die Kinder der Fußball-Väter. Aber auch beim Erlernen von Instrumenten steckt oft Zwang dahinter.

Kinder von Anwälten, Ärzten und anderen Berufsgruppen wie diesen leiden auch oft bei der Berufswahl unter ihren Eltern.

Auch allgemein merkt man das manchmal im Alltag. Eltern geben oft Ratschläge, und ab und zu wollen sie unbedingt, dass man die auch umsetzt.

Praxistipp

Lassen Sie Ihr Kind einfach sein eigenes Ding machen. Es muss nicht das machen, was Sie sich vorstellen, und schon gar nicht, wenn es dadurch nicht glücklich werden würde. Wenn der Traumjob Ihrer Tochter Putzfrau ist, sollten Sie schon eingreifen. Aber nicht, wenn sie nicht Ärztin, sondern Architektin werden will.

*

Für dich ist es jetzt wahrscheinlich einfacher, nachzugeben und zu machen, was deine Eltern wollen. Wenn du aber später auf eigenen Beinen stehen musst, wird es schwer, alles hinzuschmeißen und dieses Leben nicht so weiterzuleben. Das ist aber dein Leben, und das musst du jetzt schon selbst in die Hand nehmen.

5. KAPITEL

TYPISCH ELTERN

»ICH HAB'S DIR JA GESAGT«

Diesen Satz hast du bestimmt auch schon mal von deinen Eltern gehört, nachdem du einen Ratschlag von ihnen ignoriert und feststellt hast, dass es doch besser gewesen wäre, auf deine Eltern zu hören, was diese natürlich von Anfang an wussten. Folgendes Beispiel soll nicht rassistisch sein. Es verdeutlicht einfach nur sehr gut, in welchen Situationen Eltern diesen Satz bringen.

Die 17-jährige Paula hat vor einigen Wochen den 18-jährigen Ali kennengelernt und ist seit ein paar Tagen mit ihm zusammen. Paula ist eine sehr gute Gymnasiastin mit wohlhabenden Eltern, während Ali vor zwei Jahren die Hauptschule ohne Abschluss verließ und vom Geld seiner Mutter lebt, das sie beim Putzen verdient, und gelegentlich greift er auch mal in die Kasse des Gemüseladens seines Vaters. Paulas Eltern freuten sich zunächst, dass ihre Tochter frisch verliebt und glücklich war, bis sie ihren Freund kennenlernten.

Als ein Türke in zerrissenen Jeans vor ihnen stand, traf sie der Schlag. Danach konnte Paula sich Sätze anhören wie: »Was willst du denn mit dem? Der wird doch niemals für dich sorgen können!«, »Er wird dich unterdrücken und am Ende wirst du ein Kopftuch tragen!« und »Du wirst schon sehen, dass du mit ihm nicht glücklich wirst und dass er dich verletzen wird!«. Daraufhin war Paula so sauer, dass sie die nächsten Wochen kaum noch zu Hause war. Die meiste Zeit verbrachte sie mit Ali in der kleinen Wohnung, in der er mit seinen Eltern und seinen vier Geschwistern wohnt.

Paulas Eltern suchten noch mal das Gespräch mit ihr. Sie seien nicht von Ali begeistert, würden die Beziehung aber akzeptieren.

Ein paar Monate später kam Paula abends weinend nach Hause. Ali hatte Schluss gemacht, weil Paula schwanger war und ihm das zu viel wurde und er keinen Bock auf ein Kind hatte. »Ich hab's dir ja gesagt«, war die Reaktion ihrer Mutter.

Nicht nur in solchen Situationen verwenden Eltern diesen Satz, sondern bei jeder Gelegenheit. Was das bewirken soll, weiß ich auch nicht. Man weiß, dass die Eltern es gesagt haben. Wenn sie dann noch mal extra betonen, dass sie das gesagt haben, fühlt man sich doch nur noch schlechter. Trotzdem wird man auch beim nächsten Mal nicht auf die Eltern hören. Auf die Fresse fallen und wieder aufstehen gehört nun mal zum Erwachsenwerden dazu.

WIDERSPRÜCHE

Ich weiß nicht, ob Eltern ihre Widersprüche nicht bemerken, Kinder tun das aber auf jeden Fall. Bestimmt fallen dir auf Anhieb tausend typische Widersprüche ein, hinter denen keine Logik, sondern einfach nur Manipulation steckt. Hier eine kleine Auswahl der tausend Widersprüche, die mir sofort eingefallen sind.

»Mama, ich hab eine Zwei im Mathetest.« – »Was hat denn der Max?« – »Eine Eins.« – »Dann nimm dir mal ein Beispiel an ihm.« Zwei Wochen später. »Mama, ich hab eine Fünf im Physiktest. Aber Max hat eine Sechs.« – »Was der Max hat, interessiert mich aber nicht.«

»Du sitzt den ganzen Tag in deinem Zimmer. Es ist so schönes Wetter. Geh doch mit deinen Freunden ins Freibad oder Fußball spielen.« Die drei sonnigen Tage ausgenutzt und die meiste Zeit draußen verbracht. »Du bist kaum noch zu Hause. Du kommst nur noch zum Essen und Schlafen.«

»Soll ich dir beim Putzen helfen?« – »Nein, danke. Das schaff ich schon.« Eine Woche später. »Soll ich dir beim Putzen helfen?« – »Nein, danke. Das schaff ich schon.« Eine weitere Woche später. »Nie hilft mir jemand. Immer muss ich alles alleine machen. Du könntest mir auch mal beim Putzen helfen. Ich wohne hier schließlich nicht alleine, und das ist nicht nur mein Dreck.« – »Ich hab dich doch immer gefragt.« – »Aber getan hast du nichts!«

Man ist mit seinen Freunden unterwegs, der Akku ist leer und das Handy geht aus. Bei einem Freund zu Hause lädt man den Akku ein wenig und sieht sofort das Grauen: fünf verpasste Anrufe von Mama. Stress ist vorprogrammiert. Daheim kann man sich dann erst mal anhören, dass man ständig am Handy hängt und trotzdem nie erreichbar ist. Dass das das erste Mal innerhalb der letzten drei Jahre ist, dass man einen Anruf verpasst hat, spielt natürlich keine Rolle.

Ein paar Wochen später kommt man von der Schule nach Hause, ist total erschöpft und stellt dann fest, dass man sich ausgesperrt hat. Die Eltern sind genau dann auch nicht zu Hause, also ruft man sie an. Selbst beim zehnten Versuch geht keiner ran. Hauptsache sie können sich darüber beschweren, wenn ihr Kind ein einziges Mal nicht erreichbar ist.

»Darf ich bitte bis um zwei Uhr bleiben? Meine beste Freundin wird schließlich nur einmal 18.« – »Nein, um zwölf Uhr bist du zu Hause.« – »Aber alle anderen dürfen auch länger bleiben!« – »Wenn du 18 bist, kannst du machen, was du willst.« Ein paar Monate später, 18. Geburtstag. »Bringst du bitte noch den Müll raus? Und geh bitte noch zum Supermarkt.« – »Aber ich hab heute Geburtstag. Kann das nicht Papa machen?« – »Solange du deine Füße unter meinen Tisch stellst, hast du zu tun, was ich dir sage!«

»Ist es okay, wenn Lisa später noch kommt?« – »Nein, heute nicht.« – »Wieso denn?« – »Weil ich das heute nicht möchte.« – »Aber wieso denn?« – »Das ist mein Haus, und da gelten meine Regeln!« Ein paar Tage später wird man dazu aufgefordert, sich im Haushalt zu beteiligten. »Das ist nicht nur mein Haus, das ist auch dein Haus! Also musst du auch was tun.«

»Du könntest auch mal ein bisschen Sport machen. Deine Freunde machen doch alle Sport.« Ein paar Wochen später. »Aber alle dürfen das!« – »Du bist aber nicht alle. Wenn die von einer Brücke springen, springst du dann auch?«

Oben erwähnte ich ja schon, dass diese Widersprüche nur der Manipulation dienen. Beim ersten Beispiel sieht man dies ganz gut. Eltern wollen so erreichen, dass die Kinder mehr lernen. Allerdings bringt das nichts. Es nervt einfach nur.

TYPISCH UND NERVIG

Eltern haben typische Eigenschaften, und genau die machen sie so nervig. Widersprüche zählen auch zu diesen Eigenschaften. Es gibt aber noch viel mehr, über die wir alle ein Lied singen können. Zum Beispiel typische Aussagen und Situationen.

»Du sitzt schon den ganzen Tag vorm PC. Du hast ja schon viereckige Augen.« Bestimmt hattest du auch schon mal viereckige Augen.

»Hast du gerade deinen Kaugummi runtergeschluckt? Das verklebt den Magen!« Nein, tut es nicht. Wenn man einen Kaugummi runterschluckt, passiert gar nichts. Nicht einmal, wenn man das täglich macht. Kaugummis kleben durch die Feuchtigkeit im Körper nicht mehr und werden unverdaut wieder ausgeschieden, da sie zum größten Teil aus unverdaulichen Stoffen bestehen.

»Hör auf, deine Finger knacken zu lassen. Das ist nicht gut.« Falsch. Die größte Gefahr beim Fingerknacken ist, dass jemand, der dieses Geräusch hasst, einem eine reinhaut. Abgesehen davon ist es nicht schädlich.

Du zockst gerade online mit Freunden, als deine Mutter dich ruft, weil das Essen fertig ist. Du willst das Spiel nur ungern abbrechen, da du eh in zwei Minuten fertig wärst. »Das Essen ist aber jetzt

fertig. Es wird kalt, wenn du jetzt nicht kommst. Mach das Spiel doch auf Pause.« Vor allem für Anti-Internet-Eltern an dieser Stelle ganz wichtig: Online gibt es keine Pause. Nachdem deine Mutter die Diskussion gewonnen hat, gehst du schlecht gelaunt ins Esszimmer, und das Essen steht noch nicht einmal auf dem Tisch. »Könntest du bitte noch den Tisch decken. Das Essen ist gleich fertig.« Vor ein paar Minuten hieß es noch, dass es jetzt fertig ist und kalt wird.

Du gehst ins Wohnzimmer, um deine Eltern etwas zu fragen. Danach gehst du wieder in dein Zimmer und hast vergessen, die Wohnzimmertür wieder zuzumachen. »Tür zu!«, brüllen deine Eltern aus dem Wohnzimmer. Also gehst du wieder zurück und schließt die Tür. Selber aufstehen und die Türe zumachen kommt für deine Eltern natürlich nicht infrage. Etwas später betritt dann aber dein Vater dein Zimmer, geht wieder und lässt die Tür offen. »Tür zu!«, rufst du ihm hinterher. »Mach's selbst.«

Wenn du zu den lieben Kindern gehörst, die immer total leise waren, wenn sie vor ihren Eltern wach waren, wirst du verstehen, wie nervig folgende Situation ist. Du stehst ausnahmsweise mal früher auf als deine Eltern und bist natürlich so leise wie möglich, um deine Eltern nicht zu wecken. Doch dann fällt dir beim Frühstücken das Messer runter. Wütend steht dein Vater auf und schnauzt dich an. »Wir schlafen noch! Kannst du nicht mal ein bisschen leiser sein?« Am darauffolgenden Sonntag würdest du gerne ausschlafen, da du erst sehr spät zu Hause warst. Doch dein Vater hat beschlossen, seinen Klingelton zu ändern, wodurch du dachtest, dass dein Wecker klingelt. Du versuchst wieder einzuschlafen, und kurz bevor du einschläfst, kommt der Staubsauger zum Einsatz. Du bist wieder hellwach. Deine Mutter staubsaugt genau vor deinem Zimmer und stößt dabei immer mit dem Staubsauger gegen deine Tür. Weiterschlafen kannst du vergessen, und so stehst du schon um sieben Uhr auf.

Mit dem Auto in den Urlaub fahren ist ja schon schlimm genug. Aber noch schlimmer ist es, wenn man während der Fahrt dann auf die Toilette muss, die Eltern aber nicht anhalten wollen. »Wieso bist du denn nicht gegangen, bevor wir losgefahren sind? Das fällt dir wirklich sehr früh ein. Wir können jetzt nicht anhalten.« – »Ich musste aber noch nicht, als wir vor drei Stunden losgefahren sind. Ich hab gerade etwas getrunken und muss halt jetzt erst. Da vorne ist eine Raststätte, da können wir doch kurz anhalten.« – »Nein, können wir nicht. Wir haben vor einer Stunde eine Pause gemacht. Selbst schuld, dass du die verschlafen hast.« – »Da musste ich aber auch noch nicht. Ich muss jetzt erst.« – »Wenn du jetzt erst musst, dann hältst du's ja bestimmt noch ein wenig aus.«

Praxistipp

Ich glaube, dagegen kann man nichts tun. Genau diese Sachen zeichnen Eltern aus, auch wenn es nervt und man denkt, dass Eltern das nur tun, um einen zu ärgern. Vielleicht tun sie es wirklich deswegen. Leider habe ich keinen Tipp, wie du das überlebst, denn man muss es einfach ertragen. Ich kann dir nur eines garantieren: Wir alle werden später genauso sein, wenn wir Kinder haben.

WIEDERHOLUNGEN

Bei allen Eltern ereignet sich das Phänomen der Wiederholungen. Bestimmte Sätze sagen Eltern immer wieder. Na ja, nicht nur bestimmte Sätze, eigentlich wiederholen sie sich generell sehr oft. Manche typischen Wiederholungen kommen oft vor, andere sogar mehrmals täglich. Sicherlich sind dir auch schon Sätze eingefallen, die du dir tausendmal am Tag von deinen Eltern anhören kannst. Sollten Sie selbst Eltern sein, werden Sie sich bestimmt fragen, wovon ich rede. Ich bezweifle, dass Eltern merken, wenn sie sich immer wieder wiederholen. Irgendwann wird einem das als normaler Mensch schließlich zu blöd, Eltern allerdings nicht.

Jeder hat schon unzählige Male Sätze wie »Räum endlich dein Zimmer auf!«, »Hier sieht es aus, als hätte eine Bombe eingeschlagen!« und »Hast du jetzt endlich mal dein Zimmer aufgeräumt?« gehört. Warum stressen Eltern bei dem Thema immer so rum? Es ist doch nicht Ihr Zimmer? Wenn Ihr Kind sich in einer Müllhalde wohlfühlt, dann lassen Sie es doch in einer leben. Wenn es anfängt zu müffeln und Sie neue kleine Haustiere haben, können Sie immer noch etwas sagen. An dieser Stelle möchte ich noch mal die Widersprüche ansprechen. Denn wenn man sein Zimmer nicht aufräumt, machen es irgendwann mal die Eltern selbst. Dazu passt auch der Satz: »Wenn du dein Zimmer nicht aufräumst, dann hole ich den Müllsack und werfe alles weg.«

»Ich zähle bis drei!« Was dann ungefähr so endet: »Eins, zwei, hör jetzt endlich auf. Du weißt, was bei drei passiert. Ich will dich nicht noch einmal warnen müssen. Lass es jetzt! Ich will dich nicht zwingen müssen. Letzte Chance! Na gut, du hast es ja nicht anders gewollt. Drei.« Das Thema hatten wir ja schon mal.

Ein Satz, der wirklich keinen Sinn macht: »Warum muss ich denn immer alles dreimal sagen?« Liebe Eltern, warum ist das denn so? Ich kann es Ihnen verraten: Damit Sie es auch noch ein viertes und fünftes Mal sagen können. Dass Sie mittlerweile aber schon beim achten Mal sind, haben Sie komischerweise nicht bemerkt. Genauso unsinnig ist der Satz »Ich habe es schon so oft gesagt«.

Jedes Wochenende derselbe Satz: »Wie lange brauchst du denn noch im Bad?« Zum Glück habe ich mein eigenes. Ich frage mich, was diese Frage bringt. Wenn man fertig ist, ist man fertig. Wenn nicht, dann nicht. Vor allem, wenn man diese Frage seiner Tochter stellt, kann man sie sich schenken.

Ein weiterer Wochenendspruch: »Wer feiern kann, kann auch aufstehen.« Nein, das geht nicht. Wer stockbesoffen um drei Uhr morgens von einer Party nach Hause kommt, kann nicht um acht Uhr wieder aufstehen. Nur zum Kotzen, aber nicht mal das unbedingt.

»Wird Zeit, dass die Schule wieder anfängt.« Am Ende der Ferien hört man diesen Satz fast jeden Tag. Genauso wie »Freust du dich schon auf die Schule?«. Klar, total, kann mir nichts Schöneres vorstellen. Ich kenne es selbst aus meiner Schulzeit, dass einem am Ende der Ferien langweilig wird, weil man einfach nicht mehr weiß, was man noch machen könnte. Dieser Satz trägt aber auch nicht zur Besserung bei. An dieser Stelle bitte ich dich noch mal um Entschuldigung, aber ich muss dir wieder in den Rücken fallen und zugeben, dass ich deine Eltern verstehen kann. Ich hatte neulich zwei Wochen mit meiner Mutter Urlaub, und dann dachte ich mir auch: »Wird Zeit, dass die Arbeit wieder anfängt.« Natürlich auf ihre Arbeit bezogen, nicht auf meine.

Diesen Satz hört man nicht ständig, aber nach jeder gescheiterten Beziehung wird er wiederholt: »Andere Mütter haben auch schöne Söhne / Töchter« oder »Irgendwann kommt schon der Richtige / die Richtige«. Schon klar, aber soll das wirklich trösten?

Folgenden Satz kann ich mir jedes Mal anhören, wenn ich das Haus verlasse, obwohl wir im 21. Jahrhundert leben. »Vergiss deinen Schlüssel und dein Handy nicht.« Dass ich meinen Schlüssel vergesse, könnte vielleicht passieren, ist aber unwahrscheinlich. Aber mein Handy doch nicht!

Praxistipp

Ich muss dir leider ehrlich sagen, dass du dir das noch ein paar Jahre anhören musst. Mit viel Glück haben deine Eltern dieses Buch gelesen und gemerkt, dass sie sich tatsächlich wiederholen und dass ihnen das eigentlich zu blöd ist.

*

Also liebe Eltern, lassen Sie es bitte einfach.

ENTWEDER ODER

Eltern haben die Angewohnheit, ihren Kindern zu drohen, wenn sie nicht mehr weiterwissen. Jeder kennt das »Entweder du machst das oder es passiert jenes«. Netter Versuch.

»Entweder räumst du dein Zimmer auf oder du bekommst Hausarrest.«

»Entweder machst du was ich dir sage oder das wird Folgen haben.«

»Entweder bringst du den Müll raus oder du bekommst Fernsehverbot.«

»Entweder du legst dein Handy weg oder ich nehme es dir ab.«

Bei Kleinkindern mag das vielleicht funktionieren, aber nicht bei Jugendlichen. Man findet doch irgendwann heraus, dass Eltern sich dann nicht durchsetzen oder die Strafe nicht im Verhältnis zur Forderung steht. Wozu dann der Stress?

Praxistipp

Für die Erziehung Ihres Kindes sind Sie verantwortlich. Eins kann ich Ihnen aber sagen: So wird das nichts. Entweder Sie machen es richtig oder gar nicht.

*

Dass das total schwachsinnig ist, hast du ja bereits selbst herausgefunden. Deswegen braucht es dich nicht weiter zu kümmern, auch wenn es nervt und deine Eltern ihre Drohung eventuell wirklich wahr machen.

DIE GUTEN ALTEN ZEITEN

Liebe Eltern, nachdem wir schon so viele Jahre mit Ihnen zusammenleben, haben wir mittlerweile verstanden, dass bei Ihnen im Mittelalter alles besser war. Wer kennt sie nicht, die »Früher war alles besser«-Sprüche?

»Früher war das Wetter viel besser. Da hatte man auch mal einen richtigen Sommer mit 38 Grad im Schatten im Mai.«

»Früher war alles besser. Da war Weihnachten noch im Winter. Heutzutage ist es ja einfach nur unangenehm draußen. Damals war an Heiligabend bei −20 Grad der Schnee zwei Meter hoch.«

»Früher konnte ich mit 20 DM den ganzen Wocheneinkauf erledigen. Heute bekomme ich dafür gerade mal ein Laib Brot.«

»Früher war alles besser. Da haben die Kinder sich noch über einen Schokoriegel gefreut. Heute sind sie nicht mal mit 10 € zufrieden.«

»Früher war alles besser. Da gab es noch kein Mobbing.« Klar, früher waren alle total nett zueinander.

»Früher hat man sich noch richtig kennengelernt und musste persönlich Schluss machen. Heute verliebt sich alle elf Minuten ein Single, und dass es aus ist, erkennt man am Beziehungsstatus in Facebook.«

»Früher wurden viel weniger Unfälle gebaut. Das liegt daran, dass die jungen Leute heutzutage ständig am Smartphone sind.« Stimmt eigentlich, denn früher ging das schlecht mit Schnurtelefonen.

Willkommen im 21. Jahrhundert!

Praxistipp

Ihre Kinder haben mittlerweile bestimmt verstanden, dass Sie früher alles besser fanden und die neue, moderne digitale Welt nicht ausstehen können. Aber Sie müssen nun mal

in dieser Welt leben. Selbstmord ist keine Option. Es gibt immer eine Lösung. Genießen Sie doch einen Winter, in dem Sie problemlos Auto fahren können und nicht eingeschneit sind.

*

Wenn Eltern diese Sprüche bringen, kann das echt schnell nerven, das weiß ich. Denke aber immer daran, dass solche Eltern besser sind als die Junggebliebenen oder die Anti-Internet-Eltern. Wenn deine Eltern wieder mit ihren Sprüchen kommen, bringe doch einfach einen Spruch, wie toll heute alles ist und wie schrecklich es damals gewesen sein muss.

ELTERN UND SCHULE

Das Thema Schule kam schon öfter in diesem Buch vor, aber ich möchte noch einen allgemeinen Abschnitt haben, damit den Eltern auch wirklich klar wird, dass sie bei dem Thema enorm nerven.

Wenn man zur Schule gefahren wird, ist das ganz praktisch. Aber irgendwann kommt man in das Alter, wo Abschiedsküsse peinlich sind. Das kann man in der Grundschule machen und vielleicht noch in der fünften Klasse, aber danach sollte damit wirklich Schluss sein, sonst wird Ihr Kind die 10 km zur Schule lieber laufen.

Sollte Ihr Kind in einer Theater-AG oder Ähnlichem sein und einen Auftritt haben, sind Sie bestimmt megastolz. Das heißt aber nicht, dass Sie aufstehen und jubeln müssen, wenn Ihr Kind die Bühne betritt. Und schon gar nicht, wenn es nur einen Baum spielt, zwei Minuten rumstehend zu sehen ist und höchstens einen Satz sagen muss.

Wenn Sie Pech haben, werden Sie eines Tages einen Brief von der Schule bekommen, in dem steht, dass Ihr Kind einen Verweis bekommen hat. Vielleicht hatten Sie dieses Pech auch schon. Vielleicht auch mehrmals. So wie meine Eltern. Obwohl ich wirklich ein Engel bin. Meine Familie fand es aber lustig. Seien Sie also nicht so streng, wenn der Grund harmlos ist. Ich habe von meinem Englischlehrer einen Verweis bekommen, weil ich zuvor im Geschichtsunterricht die Englischhausaufgabe abgeschrieben habe. Das Traurige ist, dass mir nur noch drei Wörter gefehlt hätten, als ich erwischt wurde. Ein Jahr zuvor (ich muss erwähnen, dass ich auf einer katholischen Mädchenschule war) bekam ich vom selben Englischlehrer einen Verweis, weil ich einen Penis gemalt habe. Meine Familie macht sich heute noch darüber lustig. Verweise sind nicht immer schlimm, also kein Grund, herumzustressen, das nervt nämlich. Es sei denn, Ihr Kind war in eine Schlägerei verwickelt, dann ist es nicht so lustig.

Wir haben ja bereits darüber gesprochen, dass es keine gute Idee ist, sich mit Lehrern anzulegen. Nicht nur weil es für dich peinlich wird, wenn deine Eltern das tun, sondern auch, weil es generell peinlich enden wird oder deine Eltern dich nicht verstehen, wenn du dich über einen Lehrer beschwerst. »Der schaut uns immer in den Ausschnitt!« – »Würde er das tun, hätte man schon längst etwas dagegen unternommen.« Wie soll das aber ans Licht kommen, wenn alle Eltern so reagieren? »Die Deutschlehrerin gibt immer nur ihren Lieblingen in Aufsätzen eine gute Note!« – »Die werden bestimmt gute Noten bekommen, weil sie gute Aufsätze schreiben, und werden deswegen ihre Lieblinge sein. Du solltest dich einfach etwas mehr anstrengen.« Wenn es aber ein ernsthaftes Problem gibt, zum Beispiel wenn der Lehrer einen Schüler regelmäßig vor der gesamten Klasse bloßstellt, heißt es, wieso man denn nicht schon früher etwas gesagt hat. Warum wohl? Der wird es ja ganz bestimmt nicht, nein auf keinen Fall, böse gemeint haben.

Dasselbe Problem ereignet sich auch mit Mitschülern. »Jim ist immer richtig aggro. Vor dem muss man echt Angst haben.« – »Das ist bestimmt nur eine Phase. Vielleicht hat er zu Hause Probleme. Jeder hat doch mal schlechte Tage. Seid einfach nett zu ihm.« Am nächsten Tag ist man so nett und bietet dem übergewichtigen Jim ein Stück Kuchen an, was er falsch versteht und woraufhin man mit einem blauen Auge nach Hause kommt. »Am liebsten würde ich die Klasse wechseln oder gleich die Schule oder am besten gleich die Stadt. Die sind immer alle so gemein zu mir! Die mobben mich!« – »Versuch doch einfach, dich mit ihnen anzufreunden, und pass dich ihnen an. Die müssen dich einfach ein bisschen besser kennenlernen und du sie auch. Dann werdet ihr euch bestimmt besser verstehen. Zumindest werden sie dich nicht mehr ärgern.« Ein paar Wochen später findet man einen Abschiedsbrief. Ob man auch eine Leiche fand oder nicht überlasse ich mal Ihrer Fantasie.

Es steht ja immer mal wieder zur Diskussion, ob man das Erlernen der Schreibschrift abschaffen sollte. Ich finde, das ist eine gute Idee. In der ersten Klasse hatte ich eine schöne Schrift. In der zweiten Klasse lernte ich Schreibschrift. Da war meine Schrift auch noch in Ordnung. Aber ab der dritten Klasse, als ich anfing, die Schriften zu mischen, ging es rapide bergab mit meiner Schrift. Das konnte ich mir auch von meiner Mutter anhören. Und von anderen auch. Ist aber nun mal so. Wenn man später mal Arzt wird, ist das eh egal, denn deren Schrift können unglücklicherweise nicht mal die Apotheker lesen.

Ein großes Thema ist auch das Pausenbrot. Irgendwann mal ist man schließlich alt genug, sich das selber zu machen. Man kann sich aber auch etwas in der Schule am Kiosk kaufen. Es ist aber auch nicht schlimm, wenn es die Mutter macht. Es sei denn, in der zehnten Klasse ist in der Brotbox immer noch ein Zettel, auf dem steht »Lass es dir schmecken, mein kleiner Liebling. Viel Spaß in der Schule!«. Nach zehn Jahren geht einem das auf den Keks. Aus dem Alter ist man dann definitiv raus.

Den Stress, den man vor Tests, Referaten, Projekten und den Prüfungen schiebt, weil man mal wieder alles zu spät vorbereitet hat, kennen Sie alle. Machen Sie Ihrem Kind aber keine Vorwürfe, wenn Sie das lesen, denn Sie sind zum Teil auch daran schuld. Je häufiger Sie Ihrem Kind sagen, dass es lernen soll, desto später wird es damit anfangen, weil man so nur noch weniger Lust hat. Es wird nichts bringen. Auch wenn man weiß, dass man früher anfangen muss, wird man es nicht tun. Das ist das Gesetz der Natur. Nur die ganz Willensstarken schaffen das. Das ist Gottes Prüfung für jeden Schüler. Spaß beiseite. Hast du etwa schon einmal gedacht »Beim letzten Mal hat es nicht gereicht, mir das Thema während der 15-minütigen Busfahrt anzuschauen. Diesmal werde ich zwei Tage vor dem Test anfangen zu lernen«? Bestimmt nicht.

Dasselbe Phänomen zeigt sich auch bei Hausaufgaben. Ihr Kind wird die Hausaufgaben auch nach mehrmaliger Aufforderung nicht machen. Je öfter Sie es auffordern, desto später wird es sie machen. Am Ende wird es sie dann am nächsten Tag im Geschichtsunterricht machen und einen Verweis kassieren. Nerven Sie also auch damit nicht.

Du kennst es bestimmt auch, wenn du fertig nach Hause kommst und deine Eltern genau an diesem Tag meinen, sich für den Schulstoff interessieren zu müssen. Damit meine ich natürlich die Unterrichtsthemen und nicht das, womit auf dem Pausenhof gedealt wird. Sollten sich deine Eltern dafür interessieren, stimmt irgendetwas nicht, wobei das mal ein wenig Abwechslung wäre. Deine Eltern werden dich aber nicht danach fragen, stattdessen kommen Sätze wie »Was habt ihr denn heute so gemacht?«, »So etwas haben wir früher gar nicht gelernt«, »Daran kann ich mich auch noch erinnern. Frag mich, wenn du etwas nicht weißt« oder »Das ist aber interessant. Kannst du mir das erklären? Das interessiert mich jetzt«. Aber genauso wie arbeitende Menschen Berufliches und Privates voneinander trennen und die Arbeit in der Arbeit lassen sollten, sollten Schüler Schulisches und Privates voneinander trennen und das Schulzeugs so gut es geht in der Schule lassen.

Elternabende und Elternsprechtage sind auch nicht besonders toll. Ich weiß, dass das oft auch für Eltern gilt. Am nächsten Tag kannst du dir von deinen Eltern dann aber anhören, warum dies und jenes in deiner Klasse denn so ist, warum sie das nicht schon früher erfahren haben und ob das stimmt, was deine Lehrer über dich erzählen. Das gilt natürlich nur für dich, wenn du kein vorbildlicher Musterschüler bist, denn dann würde es für dich schön sein, bestätigen zu können, dass du wirklich so toll bist, wie alle sagen. So musst du deine Eltern davon überzeugen, dass du ein braver, fleißiger, aufmerksamer Schüler bist, in der Hoffnung, dass der Verweis erst in ein paar Tagen zu Hause ankommt oder am besten gar nicht.

Wenn man krank ist, dann ist das so, und die Schule muss das dann akzeptieren, weil es sie nichts angeht, was genau man hat. Eltern wissen das aber nicht. Folgende Entschuldigung muss man am nächsten Tag dem Lehrer vorlegen. »Sehr geehrte Frau Huber, meine Tochter Leonie konnte vom 23.10.17 bis zum 25.10.17 nicht zum Unterricht erscheinen, da sie an akutem Durchfall und starken Schweißausbrüchen litt und sich stündlich übergeben musste. Den versäumten Lehrstoff wird sie selbstverständlich so schnell wie möglich nachholen. Mit freundlichen Grüßen Leonies Mutter.« Schmunzelnd nimmt Frau Huber die unleserliche Entschuldigung entgegen. Wenn du Glück hast, ist Frau Huber kein Arschloch und wird im Unterricht keine Andeutungen machen. Nun zur Entschuldigung selbst. Erstens weiß Frau Huber doch, wann Leonie krank war. Zweitens wird sie sich wohl kaum für Durchfall, Schweißausbrüche und Übelkeit interessieren. Drittens, wie schon dort steht, ist es selbstverständlich, dass Leonie das Verpasste nachholt, und selbst wenn nicht, ist das nicht Frau Hubers Problem. Viertens ist ihr klar, dass Sie entweder die Mutter oder der Vater sind, das muss nicht noch mal erwähnt werden. Wie unangenehm es wäre, wenn ein Schüler das liest, überlasse ich wieder der Fantasie. Eltern werden aufgrund ihrer Verständnislosigkeit wahrscheinlich mehr Fantasie benötigen.

Entschuldigungen braucht man auch, wenn man keine Lust auf den Sportunterricht hat. Wenn du Pech hast, klingt die dann so: »Sehr geehrte Frau Schuster, meine Tochter Leonie kann heute leider nicht am Sportunterricht teilnehmen, da sie wegen ihrer momentanen Periode starke Schmerzen hat. Zudem befürchten wir, dass ihre Binde beim Sport verrutschen könne. Tampons sind leider keine Option, da das Einführer für Leonie sehr unangenehm ist. Mit freundlichen Grüßen Leonies Mutter.« Leonie sollte schleunigst volljährig werden, damit sie ihre Entschuldigungen selbst schreiben kann. Wenn man allerdings mitmachen muss, kann es schon mal passieren, dass man vergisst, seine Sachen einzupacken und einem das erst in letzter Minute einfällt, bevor man das Haus verlässt. Die Eltern dann zu bitten, das für einen zu erledigen, damit man nicht zu spät kommt, ist keine gute Idee, weil die immer das Falsche einpacken werden. Natürlich schon Turnschuhe, Sporthose und T-Shirt. Doch anstatt die billigen Sportschuhe für den Sportunterricht, ein schwarzes T-Shirt und die Sportleggins (auf Mädchen bezogen, Jungs sollten keinesfalls Leggins einpacken wollen und sie erst recht nicht tragen) packen sie die Nikes ein, die 130€ gekostet haben, eine Gammeljogginghose und ein fliederfarbenes T-Shirt mit Schmetterlingen, das man nur zum Schlafen anzieht und bei dem man sofort Schweißflecke sieht. Das merkt man aber natürlich auch erst in der Umkleide.

Praxistipp

Halten Sie sich einfach aus solchen Angelegenheiten raus. Lassen Sie Ihr Kind das selbst regeln. Seien Sie aber trotzdem aufmerksam, haben Sie ein offenes Ohr und überwachen Sie alles ganz unauffällig.

*

Für dich hat sich das Problem erledigt, wenn deine Eltern obenstehenden Tipp befolgen. Wenn nicht, dann musst du selbst dafür sorgen, dass du deine Eltern von Schulangelegenheiten fernhältst. Die Abschlussprüfung musst du auch ohne deine Eltern schaffen, also solltest du es auch schaffen, wenn deine Eltern sich aus allen anderen Sachen raushalten.

ELTERN UND HAUSHALT

Es gibt Menschen, denen kann man es nicht recht machen. Eltern gehören grundsätzlich zu diesen Menschen. Vor allem wenn es um den Haushalt geht. Wenn man zusammenlebt, ist es ja nicht verkehrt, dass jeder etwas tut und bestimmte Aufgaben hat. Eigentlich ganz einfach, aber Eltern machen daraus manchmal eine komplizierte Sache und treiben ihre Kinder zur Weißglut. Folgende Situationen kennen diese bestimmt.

Wenn es heißt, dass du den Müll rausbringen und staubsaugen sollst und sonst nichts zu machen brauchst, was machst du dann? Müll rausbringen und staubsaugen. Dann kommen deine Eltern nach Hause und du kannst erst mal Anschiss dafür kassieren, dass du nicht gebügelt, die Spülmaschine nicht eingeschaltet und dein Zimmer nicht aufgeräumt hast. Wenn man aber drauf hinweist, dass man das alles gar nicht machen sollte, heißt es »Du kannst ja mal ein bisschen mitdenken und selbst draufkommen, das zu machen, anstatt den ganzen Tag vorm Fernseher zu hocken. Man sieht doch, dass die Spülmaschine voll ist und angeschaltet werden muss.«

Beim nächsten Mal bringst du den Müll raus und staubsaugst. Weil die Fenster so schmutzig sind, denkst du dir, dass du die auch gleich putzen könntest. Du sollst ja schließlich mitdenken und selbst darauf kommen, so etwas zu machen. Dann kommen deine Eltern nach Hause, und du kannst erst mal Anschiss dafür kassieren, dass die Fenster nicht zu 100 % streifenfrei sind. Danach kannst du dir Vorwürfe anhören, dass deine Eltern nach der Arbeit auch noch die Fenster putzen müssen. Ein Danke, dass du es wenigstens versucht hast, oder ein Lob, dass du auf die Idee gekommen bist, kommt nicht.

Sagen Sie einfach alles, was erledigt werden soll, dann ist die Wahrscheinlichkeit, dass das auch erledigt wird, viel höher. Tun Sie das nicht, sind Sie selbst schuld.

*

Denke dir nichts, du bist nicht alleine. Vielen anderen geht es genauso. Erledige das, was du sollst, und einfache Dinge, die du noch machen könntest.

WESHALB PUBERTÄT, ELTERN UND KOSMETIK KEINE GUTE KOMBINATION SIND

Wir alle haben es durchgemacht oder machen es noch durch: die Pubertät. Verbunden mit Stress, schlechter Laune, Erwachsenwerden, Selbstfindungsphasen und Pickeln.

Gratulation an alle, die diese Zeit ohne Pickel durchlebt haben. Ihr hattet ein einfaches Leben. Selbstverständlich ist jeder Mensch hübsch, aber Pickel können alles ruinieren. Als Mädchen hat man wenigstens noch die Möglichkeit, sich zu schminken. Aber die Jungs tun mir wirklich leid. Ich weiß, dass Sie Ihrem Kind nur helfen wollen in dieser schweren Zeit, aber es ist nicht besonders hilfreich, wenn man direkt darauf angesprochen wird. Es gibt so etwas, das nennt sich Spiegel. Wir wissen, dass wir Pickel haben, wir sehen das selbst. »Michael, du solltest wirklich etwas gegen deine Akne tun, das sieht furchtbar aus« ist nicht hilfreich.

Auch die Selbstfindungsphasen sind nicht besonders leicht. Ich glaube, da haben es die Mädchen schwerer. Wir Mädchen orientieren uns zu sehr an anderen. Es wird immer diese Mädchen geben, die scheinbar von Gott höchstpersönlich geschaffen wurden und auf die jeder steht, die selbst im Penneroutfit heiß sind und scheinbar alles problemlos meistern. Sie sind die Ersten, die einen BH und einen Tanga tragen, einen Freund haben, von Zungenküssen berichten können und sich schminken und es natürlich auch sofort perfektioniert haben. Irgendwann will man es ihnen nachmachen oder vielleicht nicht unbedingt das, aber man will es auch tun, weil jeder es tut. Also kauft man sich billige Mascara, einen Eyeliner, roten Lippenstift und einen Abdeckstift im falschen Ton. Endergebnis: Frankenstein. Für die ersten Versuche findet man es aber vielleicht gar nicht mal so schlecht und traut sich doch tatsächlich so raus, nachdem man all seinen Mut gesammelt hat. Ein »Nadine, wie siehst du denn aus? Warst du so wirklich in der Schule?« zerstört das Selbstbewusstsein vollkommen. In dieser Zeit ist es ohnehin schnell zerstört. Durch diese Phase muss aber jeder durch. Dann hat man später wenigstens was zu lachen, wenn man sich Fotos von damals anschaut.

Praxistipp

Es ist gut, dass Sie Ihr Kind auf so etwas aufmerksam machen, aber dabei sollten Sie auch behutsam sein. Geben Sie ihm Tipps und zeigen Sie ihm, wie es richtig geht.

*

Deine Eltern meinen es nicht so. Außer sie sind generell sehr direkt, dann meinen sie es vielleicht schon so. Aber es gab schon Leute, die waren wirklich potthässlich, und kaum war die Pubertät vorbei, waren die unglaublich schön. Wunder geschehen gelegentlich.

NERVIGE KOMMENTARE, DIE MAN BESSER VERMEIDEN SOLLTE

Eltern haben die Angewohnheit, vieles zu kommentieren. Manchmal tun sie das, weil sie auf etwas hinweisen möchten, manchmal rutscht einem halt eben ein blöder Kommentar raus, und manchmal ist es einfach nur unnötig. Unnötige Kommentare sind sowieso sinnlos. Aber auch ein hinweisender Kommentar ist schwachsinnig. Man kann doch gleich sagen, was Sache ist. Hier Beispiele zu den einzelnen Kommentartypen.

Zuerst die hinweisenden Kommentare. Wie man sich wohl schon denken kann, wollen Eltern ihre Kinder damit auf etwas hinweisen. Meike hat in den letzten Wochen ein paar Kilo zugenommen. Ganz ehrlich zu sagen, dass sie dick geworden ist, wäre natürlich zu hart. Aber ein »Möchtest du nicht mal wieder shoppen gehen? Ich glaube, du könntest ein paar neue Sachen brauchen« ist auch nicht die Lösung. Wenn man zunimmt, merkt man das irgendwann selbst und dann merkt man auch, dass die Klamotten etwas enger sind.

Mir rutschen auch mal blöde Kommentare raus. Letztens haben eine Freundin und ich uns in der Mittagspause Döner gekauft. Normalerweise werden die immer eingepackt, diesmal aber nicht. Deswegen hat sie gefragt: »Darf ich den auch mitnehmen?« Dann ist mir rausgerutscht: »Nee, weißt du, das darfst du nicht.« So etwas ist ja ganz lustig, aber es geht auch anders. Zurück zu Meike. Sie unterhält sich mit ihren Eltern über *Germany's Next Topmodel* und meint, dass sie *Germany's Next Curvy Model* auch gut findet, da schließlich jeder eine Chance verdient hat. Ihrem Vater rutscht »Dann bewirb dich doch« raus, was natürlich nicht so gemeint war.

Unnötig ist es, wenn Meike ihre Klamotten ausmistet, weil ein paar ihr nicht mehr passen oder ihr nicht mehr gefallen und ihre Mutter dann sagt »Wurde auch mal Zeit«. Was will sie denn damit sagen? Dass sie schon länger dick ist? Das wird Meike wohl wissen.

Erst denken, dann sprechen und manchmal einfach etwas runterschlucken, anstatt es auszusprechen. Ist meistens besser so und man erspart sich unangenehme Situationen.

*

Nimm es deinen Eltern nicht immer übel, wenn ein Kommentar kommt, sondern ignoriere das.

DR. SOMMER

Aufklärungsgespräche, eine heikle Angelegenheit. Einen richtigen Zeitpunkt gibt es dafür nicht. Eltern haben das Talent, trotzdem den absolut falschesten zu wählen. Entweder zu früh, wenn man sich noch gar nicht für das andere Geschlecht interessiert, oder zu spät, wenn es eh schon geschehen ist und man neun Monate später Familienzuwachs hat. Über so etwas zu reden ist ohnehin meistens schon peinlich genug. Darüber dann aber auch noch mit seinen Eltern reden zu müssen ist furchtbar peinlich. Verhütung ist natürlich wichtig und vor allem, dass man es dann auch richtig macht. Wie alles andere funktioniert, weiß man schon irgendwie beziehungsweise findet man selbst heraus.

Kurzer Rückblick in meine Kindheit: Ich habe immer etwas von der Zahnfee bekommen. Natürlich wusste ich, dass meine Eltern das waren. Ich frage mich gerade, warum in vielen Filmen die Zahnfee ein kleiner, dicker Mann im Feenkostüm ist. Ist ja jetzt egal. Auf jeden Fall war es wieder so weit, und auf meinem Schreibtisch lag eine Kleinigkeit für mich. Ein Aufklärungsbuch. Ich ging noch zur Grundschule. Zuerst wollte ich es mir nicht anschauen, weil es mir unangenehm war. Dann hab ich doch mal reingeschaut, aber erst einmal nur das, was nicht schlimm war. Etwas über die Periode und wie sich Babys im Bauch entwickeln. Dann hab ich mir aber doch mal, als ich sicher war, dass es keiner mitbekommt, den menschlichen Körper angeschaut.

Als ich dann meinen ersten Freund hatte, musste ich mir mit meiner Mutter manchmal Teenie-Mütter anschauen, damit ich abgeschreckt bin und keine Dummheiten mache. Ich war 13 Jahre alt und hatte definitiv nicht vor, Dummheiten zu machen.

Praxistipp

Wie schon gesagt, einen richtigen Zeitpunkt gibt es nicht. Sie müssen sich aber trotzdem nicht unbedingt den ungünstigsten aussuchen. Und so genau brauchen Sie auf die Details auch nicht einzugehen. Ihr Kind wird schon wissen, wo was rein muss und was da rauskommt, wenn es schiefgeht. Und Ihr Kind wird auch wissen, dass Pille und Kondom zusammen die einfachste Lösung sind, um das zu verhindern. Es gibt leider auch noch so etwas, was sich Schule nennt und wo man das zum Leid der Schüler und Lehrer auch bespricht.

*

Wenn du nicht solche Gespräche führen willst, dann musst du deine Eltern davon überzeugen, dass das nicht nötig ist, weil du verantwortungsbewusst bist und das alleine hinbekommst. Mach einen Termin beim Frauenarzt, um dir die Pille verschreiben zu lassen (wenn du ein Mädchen bist), oder lass sie so liegen, wenn du sie nimmst, dass deine Eltern sehen, dass du sie regelmäßig und zuverlässig nimmst. Lass ab und zu auch mal die Packung Kondome so liegen, dass deine Eltern sehen, dass sie sich auf dich verlassen können. Und vor allem: Benutze das Zeug dann auch. Wenn du es nicht benutzt, brauchst du auch nicht rumzuheulen, wenn es schiefgeht.

6. KAPITEL

WEITERE PROBLEME

WAS ELTERN MIT ALTKLEIDER-CONTAINERN ZU TUN HABEN

Es gibt Eltern, die ihre Kinder als Altkleidercontainer benutzen. Wenn man auf bereits getragene Klamotten angewiesen ist, ist man bestimmt froh, dass man Anziehsachen bekommt, die in gutem Zustand sind, auch wenn sie von der letzten oder vorletzten Saison sind. Als Kind aus der Mittelschicht ist man drauf allerdings nicht angewiesen, weshalb man dementsprechend reagiert. Natürlich kommen deren Klamotten nicht von der Altkleidersammlung, auch wenn es so aussieht. Sie werden von ihren Eltern in solche Sachen gesteckt. Diese Eltern kann man in zwei Arten teilen.

Zum einen die, die ihren Kindern die Sachen andrehen wollen. Lucys Mutter war shoppen und hat sich ein paar schöne Teile gekauft. »Dir habe ich auch etwas mitgebracht.« Normalerweise würde man sich als Jugendlicher über neue Klamotten freuen, aber Lucy rechnet mit dem Schlimmsten. Zu Recht. Jedes Mal, wenn sie diesen Satz hört, bekommt sie etwas Grausames. Einmal bekam sie ein bauchfreies T-Shirt in Regenbogenfarben mit Fransen. Ein anderes Mal war es eine Sonnenbrille mit rosa Gläsern und einem blauen Gestell mit kleinen grünen Fröschen. Sehr hübsch. Diesmal ist es auch nicht besser. Ihre Mutter zieht aus der Plastiktüte eine lila Lackhandtasche mit silbernen Nieten. Freiwillig würde Lucy das selbstverständlich nicht tragen. Das verrät auch ihr Blick. »Schau doch nicht so. Gefällt sie dir denn nicht? Ich habe mir wirklich Mühe gegeben, etwas Hübsches für dich zu finden.« Jedes Mal macht sie ihr ein schlechtes Gewissen und sorgt so dafür, dass sie sich schuldig fühlen würde, wenn sie das Geschenk nicht annähme. Also nimmt sie es. Doch wehe sie trägt es dann nicht. »Du hattest noch gar nicht die neue Hose an.«

Zum anderen gibt es noch die, deren Kinder ihre Klamotten tragen sollen. Sie heben alte Kleidungsstücke auf und merken eines Tages, dass sie ihnen nicht mehr passen oder nicht mehr gefallen.

Aber da sie noch in einem so guten Zustand sind, wäre es viel zu schade, sie wegzuwerfen. Also muss das Kind herhalten. Manchmal ist das auch in Ordnung. Neulich habe ich ein Kleid von meiner Mutter bekommen, das aber wirklich schön ist und mir gefällt. Man will ja aber nicht alle Sachen der Eltern haben. Daniela will das auch nicht. Da Schlaghosen wieder modern sind, auch wenn ich nicht weiß, wer die überhaupt trägt, dachte ihre Mutter, dass Daniela die Schlaghose gefallen wird, die sie selbst in ihrem Alter gerne trug. Bei manchen Leuten ist es dann doch besser, wenn sie nicht denken.

Es gibt aber auch noch die, die gerne die Kleidung ihres Kindes tragen würden. Dass man das lassen sollte, ist bestimmt jedem klar. Natürlich gibt es auch da Ausnahmen. Ich hatte mal eine einfache Jeans, die mir zu groß war und meine Mutter dann getragen hat. Aber man bedient sich nicht einfach so am Kleiderschrank und nimmt sich, was man will.

Praxistipp

Tun Sie so etwas bitte einfach nicht. Wenn Sie nett sein wollen, dann orientieren Sie sich doch bitte daran, was Ihr Kind sich selbst kauft. Ihre Klamotten sollten in Ihrem Schrank bleiben und die Ihres Kindes in dessen Schrank.

*

Sei ehrlich und sag, dass dir die Klamotten nicht gefallen und du nicht willst, dass deine Eltern sich an deinem Kleiderschrank bedienen.

ELTERNVERSAMMLUNGEN

Sie werden diese Abende kennen. Mindestens ein Elternteil jedes Kindes kommt, die Elternvertretung wird gewählt (scheißegal, dass man sich überhaupt nicht kennt und nicht weiß, wer dafür geeignet wäre), und es wird über Dinge geredet, die man später durch das Kind eh erfahren hätte, wenn es so weit gewesen wäre. Obwohl die Lehrerin mit den Eltern wie mit ihren Schülern redet, gibt es welche, die etwas nicht verstanden haben und nachfragen, was total unnötig ist, da es nichts zum Nichtverstehen gibt.

Denken Sie auch so, geht es in diesem Abschnitt um Sie. Grundsätzlich denke ich auch so wie Sie, was noch anders war, als ich zur Schule ging. Alle Eltern gingen zur Elternversammlung, nur meine Mutter nicht. Und wenn doch, war es ein Wunder. Am nächsten Tag sprachen in der Schule alle darüber, was ihre Eltern ihnen erzählt hatten. Nur ich konnte nicht mitreden. Schlimmer war es aber, dass man auch über die einzige Person sprach, die nicht da war. Wer das wohl war?

Umso schöner war es dafür, wenn sie dort war und wir danach über die Elternvertretung lästern konnten. Elternvertreter sind immer überengagierte Eltern, die ihr Maul nicht halten können und meinen, besser zu sein als alle anderen. Auch Sie sollten sich Gedanken machen.

Praxistipp

Ob Sie zu Elternversammlungen gehen oder nicht, ist im Prinzip Ihre Sache. Wenigstens einmal im Jahr sollten Sie es Ihrem Kind zuliebe tun. Melden Sie sich aber bitte nicht freiwillig für einen Posten der Elternvertretung.

*

Sollte jemand über deine Eltern reden, weil sie nicht da waren, kontere geschickt damit, dass das besser sei als ein Elternvertreter.

THERAPIESTUNDE

Was ich mit Therapiestunde meine, zeige ich am besten anhand eines Beispiels.

Philipps Mutter merkt sofort, dass etwas mit ihrem Sohn nicht stimmt, als dieser von der Schule nach Hause kommt. Dass er einfach nur gestresst ist wie jeder andere Schüler in der Prüfungsphase, wird in folgendem Gespräch keine Rolle spielen.

»Was ist denn los mit dir? Setz dich doch einen Moment zu mir, dann können wir darüber reden.« – »Ich hab jetzt keine Zeit und außerdem ist alles in Ordnung«, versucht Philipp seine Mutter abzuwimmeln. Aber sie lässt nicht locker. »Komm schon. Ich möchte einfach nur kurz mit dir reden.« – »Kurz? So wie letztes Mal? Da saß ich hier drei Stunden«, erinnert er sie. »Ich verspreche dir, dass es schnell geht.« Da er eh nicht davonkommt, gibt er nach und setzt sich zu seiner Mutter. Dann hat er es schneller hinter sich. »Ich merke doch, dass etwas nicht stimmt. Hast du Probleme in der Schule? Oder mit deinen Freunden? Hast du Liebeskummer? Stimmt etwas hier zu Hause nicht?«, bohrt sie nach. »Es ist alles gut. Ich hab einfach nur Prüfungsstress, wie jeder andere auch. Deswegen hab ich jetzt eigentlich auch gar keine Zeit hierfür.« – »Wenn das alles zu viel für dich wird, dann finden wir eine Lösung. Dann hängst du einfach noch ein Jahr dran und machst nächstes Jahr deinen Abschluss. Du darfst nicht zulassen, dass dich der Stress kaputt macht.« – »Du tust gerade so, als wäre ich kurz vorm Burn-out.« Er steht auf und möchte in sein Zimmer. »Philipp, bleib bitte sitzen, wenn ich mit dir rede. Ich mache mir wirklich Sorgen.«

Ich kürze das an dieser Stelle ab und verrate, wie die Situation endet. Philipp hat sich wieder hingesetzt und musste sich mehrere Stunden Psycho-Geschwafel von seiner Mutter anhören, die wollte, dass es ihm besser geht, obwohl es ihm gut ging. Jetzt nach diesem Gespräch geht es ihm schlecht, und er steht nun kurz vorm Burn-out.

Diese Gespräche machen Ihr Kind fertig, glauben Sie mir. Wenn Sie der Meinung sind, dass etwas nicht stimmt, ist es nicht falsch, nachzufragen, aber Sie sollten es dann auch lassen, wenn Ihr Kind nicht will. Ihr Kind wird schon was sagen, wenn e Probleme hat über die es mit Ihnen reden will. Und wenn das nicht so ist, müssen Sie das auch akzeptieren.

*

Ich weiß, wie du dich fühlst. Ich weiß aber nicht, was dagegen hilft. Tut mir leid.

TEENIE-FEHLTRITTE, DIE ES UNBEDINGT ZU VERMEIDEN GILT

Freuen Sie sich nicht zu früh, es geht nicht um die Fehltritte Ihres Kindes. Es geht um Ihre. Fehler, nur kleine Fehler. Aber jede Tat setzt eine weitere in Gang. Fehler, von denen man schon immer weiß, dass man sie nicht machen soll, weil normale Eltern ihren Kindern das so beibringen. Gemeint sind Fehler wie Blaumachen, Verschlafen, schlechte Laune an anderen auslassen, die nichts damit zu tun haben und ständig zu spät kommen. Nichts Gravierendes, aber wenn man als Kind seinen Eltern beibringen muss, dass das Dinge sind, die man nicht tut, wird es nervig.

Normale Eltern würden ihrem Kind die Hölle heiß machen, wenn es absichtlich ohne Grund nicht zur Schule geht, und es die nächsten Tage mit Terror am Morgen wecken. So musste Natascha es auch mit ihrer Mutter machen und zwar schon immer.

Eines Tages verschläft Natascha. »Wieso hast du mich denn nicht geweckt, Mama? Ich komme zu spät!« – »Ist doch nicht so schlimm«, meint ihre Mutter, die sich immer noch im Halbschlaf befindet, obwohl sie auch bald losmüsste. Am nächsten Morgen ist Natascha natürlich pünktlich wach, ihre Mutter allerdings noch nicht. »Mama, du musst aufstehen! Du kommst zu spät!«, schreit sie aus der Küche, erhält aber keine Antwort. Daraufhin geht sie ins Schlafzimmer und weckt ihre Mutter, die nur widerwillig wach wird. »Was ist denn, du Nervensäge?« – »Du hast verschlafen.« Ihre Mutter verdreht die Augen. »Ich hab nicht verschlafen. Ich war schon vor einer Stunde wach und hab meinen Chef angerufen, um zu sagen, dass ich heute nicht komme.« – »Und wieso?« – »Ich will heute nicht arbeiten.« Natürlich hat sie am nächsten Tag genauso wenig Lust, sie geht aber trotzdem arbeiten, weil sie keine Lust hat, sich beim Arzt ein Attest zu holen. Ihr Chef ist von ihrem wiederholten Fehlen genauso wenig begeistert wie davon, dass sie heute zwar kommt, aber zwei Stunden zu spät und trotzdem pünktlich um 15 Uhr geht. Am Freitag kommt sie dann kurz nach Natascha schon um 13 Uhr nach Hause. »Sag jetzt nicht, dass du keine Lust hattest und einfach gegangen bist.« – »Dieses Schwein hat mir gekündigt. Nur weil ich ab und zu mal zu spät komme, ein bisschen öfter krank bin als meine Kollegen und weil er meint, dass meine Launen schlecht für das Arbeitsklima und das Miteinander seiner Angestellten seien«, erzählt Nataschas Mutter fassungslos. »Deine Launen sind für nichts und niemanden gut«, meint Natascha nur.

Hintergrundinformation: Nataschas Mutter war in ihrer Jugend genauso. Sie wurde damals zweimal zu Sozialstunden verurteilt und wäre fast auf die schiefe Bahn geraten. Dann lernte sie Nataschas Vater kennen, alles besserte sich, doch dann wurde sie schwanger mit 19 Jahren. Daraufhin verließ er sie, mit der Begründung, noch nicht bereit dafür zu sein und schon gar nicht mit so einer chaotischen, verpeilten Frau. Mittlerweile ist sie 35 Jahre alt. Ihre letzten vier Arbeitgeber waren mit dem aktuellen übrigens einer Meinung. Wie man sieht, ist alles beim Alten geblieben.

Praxistipp

Wie schon öfter erwähnt, haben Sie als Elternteil eine Vorbildfunktion. Ihr Kind ist ein eigenständiges Wesen. Den Grundbaustein, was aus ihm später einmal wird, legen aber Sie. Leben Sie ihm also einen absoluten Absturz vor, ist die Wahrscheinlich, dass Ihr Kind in Ihre Fußstapfen tritt und so wird wie Sie, sehr hoch. Ist schließlich auch der einfachste Weg. Deswegen sollten Sie Ihrem Kind so etwas nicht vorleben. Und wenn Sie so sind und nicht anders können, dann sorgen Sie wenigstens dafür, dass Ihr Kind es besser macht. Arbeitslosigkeit, Planlosigkeit und Probleme sind keine Grundbausteine. Wissen, Fleiß und Verantwortungsbewusstsein dagegen schon.

*

Mach es nicht wie deine Eltern. Glaub mir, du willst nicht so enden. Du hast die Wahl zwischen einer kleinen Wohnung, auf Kosten des Staates zu leben, zu der untersten Schicht der Gesellschaft zu gehören und keine Aussichten zu haben oder dir etwas leisten zu können, nicht nur für dich, sondern auch für andere sorgen zu können und Ansehen zu haben oder Porsche, Villa und Luxus pur. Entscheide dich wenigstens für die zweite Variante, dann kannst du vielleicht auch irgendwann die dritte erreichen. Die erste sollte aber gar nicht erst eine Option für dich sein. Wenn deine Eltern es verkackt haben und du die falschen Grundbausteine hast, musst du es nun mal ausbaden.

KÜSSCHEN LINKS, KÜSSCHEN RECHTS

Was gibt es Peinlicheres, als seiner Mutter als Jugendlicher vor seinen Freunden ein Küsschen geben zu müssen? Ich glaube, nicht sehr viel.

Nach der Schule kommen Martins Freunde kurz mit zu ihm nach Hause, um ihre Taschen dort zu lassen, da sie danach ins Kino gehen möchten und Martin am nächsten wohnt. »Ich bin um 18 Uhr wieder zu Hause, Mama«, ruft er aus dem Flur als sie sich die Schuhe anziehen. »Hast du nicht was vergessen?« Verdrängt trifft es wohl eher. Schnell huscht er ins Wohnzimmer, damit seine Kumpels nichts mitbekommen. Da sie aber neugierig sind, schleichen sie ihm hinterher. Und was sie da sehen, wird Martin noch die nächsten Monate verfolgen. Er haucht seiner Mutter ein Küsschen links, ein Küsschen rechts auf die Wange und wird dann von ihr fest an sie gedrückt. Seine Freunde können sich das Lachen kaum verkneifen. Natürlich sprechen sie ihn darauf an. »Was war das denn? Stehst du auf reifere Frauen oder was?«, »Hast du einen Mutter-Komplex oder warum küsst du sie?« ist noch das harmloseste. Ein paar Wochen später, Martin hat diese Situation beinahe vergessen, spricht er ein Mädchen aus der Parallelklasse an. Er hat schon länger ein Auge auf sie geworfen und denkt, dass seine Chancen nicht schlecht stehen. Wären da nicht seine Freunde. Er nimmt seinen ganzen Mut zusammen und spricht sie an. Läuft so weit recht gut, bis einer seiner Kumpels kommt und meint »Von dem würde ich die Finger lassen. Er küsst seine Mutter.« Mit angewidertem Blick wendet sie sich ab, und Martin steht da wie ein Idiot.

Praxistipp

Bereits als Kind gegen Ende der Grundschule, Anfang der weiterführenden Schule ist das unangenehm. Warum verlangen Sie das dann noch Jahre später? Wenn Ihr Kind das freiwillig macht, ist es sein Problem, dafür ausgelacht zu werden. Aber nicht, wenn das nur Ihr Wille ist. Dann ist es Ihre Schuld. Wenn Sie unbedingt die Liebe Ihres Kindes durch ein Bussi spüren müssen, dann doch bitte, wenn seine Freunde nicht dabei sind.

*

Sei so ehrlich und sag, dass du das nicht möchtest, es dir unangenehm ist, du dich dafür schämst und deswegen von anderen ausgelacht wirst. Im ersten Moment werden deine Eltern vielleicht gekränkt sein, aber das legt sich und das werden sie einsehen, dass es nichts bringt, so zu sein.

DER LANG ERSEHNTE AUSZUG UND DIE WAHRHEIT DARÜBER

Eines Tages wird der schlimmste Tag Ihres Lebens kommen. Sie werden sich auch freuen, doch es wird auch schmerzen. Der Auszug Ihres Kindes. Besonders schwer beim ersten, letzten und einzigen Kind, aber da müssen Sie durch.

Eines Tages wird der schönste Tag deines Lebens kommen. Du wirst dich einfach nur freuen. Der Auszug aus deinem Elternhaus in die erste eigene Wohnung. Besonders stressig, aber das stört dich nicht.

Der Idealfall: Du entscheidest dich dafür, auszuziehen, sagst das deinen Eltern, und ihr sucht gemeinsam nach einer kleinen, günstigen Wohnung. Deine Eltern helfen dir auch bei den Vorbereitungen und beim Umzug. Alles läuft reibungslos ab. Du schmeißt eine kleine Einweihungsparty und bist glücklich. Happy End!

Die Realität: Du entscheidest dich dafür, auszuziehen, und sagst das deinen Eltern. Die sind zuerst gar nicht begeistert, da sie dich nicht gehen lassen wollen und dir nicht zutrauen, auf eigenen Beinen zu stehen. Nach einem langen Streit sind sie einverstanden, da sie sowieso nichts an deiner Entscheidung ändern können, mit Unterstützung brauchst du allerdings nicht zu rechnen. Wenn du Glück hast, werden sie doch noch weich und helfen beim Tragen der leichten Sachen. Weil das alles alleine schwer zu organisieren war, geht natürlich auch etwas schief. Die Einweihungsparty verschiebst du aus Erschöpfung um eine Woche, die auch ein absoluter Reinfall wird. Spätestens nach einem Monat merkst du, dass eine eigene Wohnung doch nicht so toll ist und mehr Arbeit macht als erwartet.

Praxistipp

Wenn Sie Eltern des Idealfalls sind, finde ich Sie super. Wenn nicht, dann nicht. Jeder zieht irgendwann von zu Hause aus, außer man stirbt davor, was aber definitiv nicht der Normalfall wäre. Warum unterstützen Sie Ihr Kind dann nicht dabei? Selbst wenn es die falsche Entscheidung war und Ihr Kind nach ein paar Monaten wieder bei Ihnen auf der Matte steht, können Sie sagen »Ich hab's dir doch gesagt«. Macht bestimmt auch Spaß. Es verlangt ja keiner von Ihnen, dass Sie den ganzen Umzug organisieren. Vielleicht einfach nur in der Zeitung nach Wohnungen oder Angeboten von Möbelhäusern suchen und beim Aussuchen der Wandfarbe helfen.

*

Wenn deine Eltern dir nicht helfen, musst du ihnen beweisen, dass du das auch alleine schaffst, und alles selbst in die Hand nehmen. Wird nur peinlich, wenn du es dann wirklich nicht schaffst.

ENDE GUT, ALLES GUT

Dass Sie Ihr Kind mit einigen Sachen nerven, war Ihnen vor diesem Buch schon klar. Vielleicht haben Sie auch entdeckt, dass Sie mit manchen Dingen nerven, bei denen Ihnen das nicht bewusst war. Wenn es Ihnen klar war, werden Sie wahrscheinlich auch nichts ändern. Dazu hatten Sie ja schon ein paar Jahre Gelegenheit.

Irgendwie gehört es doch aber auch dazu, dass deine Eltern dich nerven. Sonst wären Eltern keine Eltern. Wenn es so weit ist, wirst du froh sein, ausziehen zu können, und merken, dass der Alltag mit Eltern in vielerlei Hinsicht doch einfacher war. Und wenn du später mal selbst Kinder hast, wirst du genauso nerven wie deine Eltern dich, auch wenn du es besser als sie machen willst.

Praxistipp

Es gibt Dinge, die kann man vermeiden, und es gibt Dinge, die kann man einfach nicht vermeiden. Genauso ist es mit Ihrer Nervigkeit.

*

Manchmal ist das Verhalten anderer eine Reflexion des eigenen Verhaltens. Kommst du ständig zu spät nach Hause, werden deine Eltern dich in diesem Punkt so lange nerven, bis du pünktlich sein wirst.

BESSERUNG IN SICHT

Ich hoffe, dass das Buch zum Lachen gebracht und Nachdenken angeregt hat. Bestimmt hat die eine oder andere Situation Ihre Familie widergespiegelt. Dementsprechend finden die Tipps eventuell auch Anwendung. Und selbst wenn nicht, hat sich der Kauf trotzdem gelohnt. Nicht unbedingt für alle Leser, aber auf jeden Fall für mich. Manche Dinge kann man einfach nicht ändern, und bei anderen ist es besser, wenn man es gar nicht erst versucht. Eines Tages werden Sie nachvollziehen können, weshalb Ihr Kind Sie so nervig fand beziehungsweise weshalb deine Eltern in gewissen Punkten nerven. Das Zusammenleben ist generell nicht so einfach, deswegen sollte man es gemeinsam so leicht wie möglich gestalten.

HOW TO SURVIVE SCHULE

HUMORVOLL UND IRONISCH: TIPPS, TRICKS UND ANEKDOTEN, UM DEN ALLTÄGLICHEN WAHNSINN NAMENS SCHULE ZU ÜBERLEBEN

HOW TO SURVIVE SCHULE
WIE MAN DEN ALLTÄGLICHEN WAHNSINN ÜBERSTEHT
UND TROTZDEM SEINEN ABSCHLUSS SCHAFFT
Von Sebastian Böhm
256 Seiten, Taschenbuch
ISBN 978-3-86265-643-1 | Preis 9,99 €

Es ist bedauerlich, dass der Buchtitel Odyssee bereits vergeben ist, denn er würde wohl sinnbildlich für die kuriose Schullaufbahn von Autor Sebastian Böhm stehen, die diesem Ratgeber zugrunde liegt. Aufgrund verschiedener Umwege ist Böhm jedoch umso mehr dafür prädestiniert, dem Leser bei der Bewältigung grotesker Facetten unserer Bildungslandschaft beizustehen. Viele Jahre der Erfahrung – mancher wird sagen: zu viele – haben gezeigt, dass niemand diesen irren Lebensabschnitt ohne kompetente Hilfe meistern kann. Begeben Sie sich also in die kompetenten Hände eines absoluten Schul-Profis, der Ihnen nicht nur sagen kann, wie Sie mit Bonzen-Kindern, verstrahlten Schulpsychologen und zugekifften Hampelmännern umgehen müssen, sondern der auch über tatsächlich hilfreiche Empfehlungen für Ihr weiteres (Schul-)Leben verfügt.

10 DINGE, DIE DU NACH DEM ABITUR...

10 ORIENTIERUNGSPUNKTE IM DSCHUNGEL DES ERWACHSENENLEBENS – EIN HUMORVOLLER RATGEBER FÜR SCHULABGÄNGER UND DEREN ELTERN

10 DINGE, DIE DU NACH DEM ABITUR NICHT TUN SOLLTEST
Von Carlo Reumont
232 Seiten, Taschenbuch
ISBN 978-3-86265-638-7 | Preis 9,99 €

»Heutzutage gibt es keine klaren Karriere-wege mehr. Es gibt nur den eigenen Weg.« Das ist die These, die Autor Carlo Reumont in »10 DINGE, DIE DU NACH DEM ABITUR NICHT TUN SOLLTEST« aufstellt.

Und doch gibt es Orientierungspunkte. Sollte ich studieren? Schon, aber nicht sofort. Sollte ich arbeiten? Ja, aber nicht für Geld. Und was ist mit meinem Lebenslauf? Schreibe ihn, nachdem du gelebt hast, nicht andersrum.

Bei all den Möglichkeiten, die junge Erwachsene heute haben, ist es nicht nur wertvoll zu wissen, was man tun sollte, sondern auch, was man nicht tun sollte. Dieses Buch umfasst eine Top-Ten-Liste der weitverbreitetsten Fehler von Abiturienten zum Thema Lebensgestaltung. Dabei greift der Autor auf eigene Erfahrungen zurück. Persönliche und humorvolle Tipps nicht nur für Schulabgänger, sondern auch deren Eltern

NANA SCHMID, geboren 1999, wuchs mit sieben Halb-geschwistern auf. Nach der Schule begann sie eine Aus-bildung. Durch ihre Leidenschaft fürs Lesen fing sie früh an, sich fürs Schreiben zu interessieren. Sie lebt mit ihrer Mutter, ihrem Stiefvater und ihren Haustieren in ihrer Geburtsstadt Erding. Im Juli 2017 veröffentlichte sie ihr erstes Buch »Skinny Love«.

Nana Schmid
HOW TO SURVIVE NERVIGE ELTERN
Wie man den Alltag als Teenager überlebt, bis man endlich ausziehen kann
Mit Illustrationen von Jana Moskito

ISBN 978-3-942665-43-8
© Schwarzkopf & Schwarzkopf Media GmbH, Berlin 2018
HOW TO SURVIVE – DIE REIHE MIT DEM HAI wird von Martin Brink-mann und Oliver Schwarzkopf herausgegeben | Alle Rechte vorbehalten. Dieses Werk ist urheberrechtlich geschützt. Jede Verwendung, die über den Rahmen des Zitatrechtes bei korrekter und vollständiger Quellenangabe hinausgeht, ist honorarpflichtig und bedarf der schriftlichen Genehmigung des Verlages. | Alle Illustrationen: © Jana Moskito

VERLAG
Schwarzkopf & Schwarzkopf Media GmbH
Kastanienallee 32, 10435 Berlin
Telefon: 030 – 44 33 63 00
Fax: 030 – 44 33 63 044

INTERNET | E-MAIL
www.schwarzkopf-schwarzkopf.de
www.facebook.com/schwarzkopfverlag
info@schwarzkopf-schwarzkopf.de